Gespräche mit dem Seelenarzt —
Neurosen unserer Zeit

ratgeber

ht

Die oft bespöttelte Couch des Psychotherapeuten hat Sigmund Freud in die Seelentherapie eingeführt. In dieser Lage des völligen körperlichen Entspanntseins fällt es dem Patienten leichter, Gedanken, Regungen und Gefühle preiszugeben. Der Therapeut ist als Partner gegenwärtig, aber nicht im Blickfeld. Psychotherapie vollzieht sich in der Sprache. Im Sprechen ist – so sagt der Philosoph Martin Heidegger – das Hören und Schweigen inbegriffen.

Gespräche mit dem Seelenarzt - Neurosen unserer Zeit

von Günter Dahl

Einführung von Prof. Dr. med. Hanscarl Leuner,
Universitäts-Nervenklinik, Göttingen

Humboldt-Taschenbuchverlag

humboldt-taschenbuch 201
Fotos: S. 2, 27, 39, 67, 79, 143 (»Stern«, Hamburg)
S. 91 (dpa)
Umschlag: Arthur Wehner, grafik-dienst

Druck: Presse-Druck, Augsburg
Printed in Germany
ISBN 3-581-66201-9

Inhalt

Einführung

Von Prof. Dr. med. Hanscarl Leuner,
Leiter der Psychotherapeutischen Abteilung an der Universitäts-Nervenklinik Göttingen

Dieses Buch ist eine ergänzte Zusammenstellung der Berichte und Interviews, die Fachleute auf dem Gebiet der Psychotherapie und Psychosomatik der Zeitschrift STERN gegeben haben. Günter Dahl, der medizinische Redakteur dieses Blattes, führte das Problem des neurotisch kranken Menschen und seiner Behandlung dadurch einem breiten Laienpublikum vor Augen. So wurde ein wichtiger Beitrag zur Aufklärung über die Eigenart der sogenannten nervösen oder seelisch bedingten Erkrankungen geleistet; denn die in der Medizin heute noch unterrepräsentierten Fächer Psychotherapie und psychosomatische Medizin sollten den derzeitigen und zukünftigen Patienten – einem hohen Prozentsatz der Menschen – ebenso bekannt sein wie die traditionellen Fächer Chirurgie oder Innere Medizin. Die psychologischen Zusammenhänge und Hintergründe seelischer Erkrankungen müssen endlich aus dem Schattendasein ängstlicher Verdrängungen herausgehoben werden. Gilt doch noch heute ein Mensch, der unter dem Druck neurotischer Konflikte abweichend reagiert und zu der einzig sinnvollen Behandlung einen Psychotherapeuten aufsucht, leicht als ›nicht ganz in Ordnung‹. Er wird im Kreise seiner Vertrauten bestaunt und beargwöhnt, oft sogar gemieden. Die Kenntnis von der Teilnahme an einer Psychotherapie macht den Arbeitgeber skeptisch und gefährdet nicht selten eine Neueinstellung.

Gerade diejenigen aber, die sich für besonders ›normal‹ oder ›kerngesund‹ halten, unterdrücken nur allzu oft ihre neurotischen Probleme und überspielen ihre eigenen Fehlanpassungen, um sich vor bitteren Selbsteinsichten zu schützen. Sie würden sonst vielleicht die Notwendigkeit einer Psychotherapie bei sich selbst erkennen. Die Schlechteren sind es nicht, die diesen Weg der Selbsterkenntnis gehen, um ihre Beziehungen zur Umwelt ins reine zu bringen. Sie helfen damit nicht nur sich selbst, sondern schützen auch ihre Kinder, ihre Angehörigen oder Untergebenen vor der Induktion neurotischer Spannungen.

Es hat eine gewisse Tradition, daß ein Verlag aus aufklärenden und populärwissenschaftlichen Serien in einer großen Zeitschrift ein Buch zusammenstellt, um die gültigen Aussagen einer kurzlebigen Publikation einem späteren Leserkreis für dauernd zugänglich zu machen.

Die Berichte und Interviews gehen davon aus, daß die erste Information des an psychosomatischen Problemen interessierten Lesers am besten gegeben wird, indem man ihm einen Blick in die Werkstatt des Psychotherapeuten vermittelt. Die Zusammenstellung erfolgte dabei unter dem Gesichtspunkt, einige der am häufigsten verbreiteten neurotischen Symptome vorzuführen und gleichzeitig verschiedene psychotherapeutische Verfahren zu Wort kommen zu lassen.

Es muß betont werden, daß diese Berichte sich nicht mit jener Gruppe der psychisch Kranken befassen, die an einer Psychose oder an einer sogenannten Geisteskrankheit leiden. Von Schizophrenie, von endogenen Depressionen oder Manien, von psychischen Erkrankungen als Folge von Giftwirkungen ist also nicht die Rede. Vielmehr sind es die durch emotionale Konflikte hervorgerufenen und unterhaltenen Krankheitszustände, die auf eine nicht selten seit der frühesten Kindheit bestehende fehlerhafte seelische Entwicklung zurückzuführen sind. Es sind jene Krankheitszustände, deren Behandlung die ausgesprochene Domäne der Psychotherapie ist: Neurosen, die heute im Fachbegriff noch immer so bezeichnete Hysterie, Phobien – also Angstzustände – und seelisch bedingte oder mitbedingte Körpererkrankungen (psychogene Erkrankungen).

Miteinander gemeinsam haben sie, daß sie durch eine Störung der Psychodynamik der Person verursacht werden. Sie erklären sich nach den Regeln der von Freud, Adler, Jung, Schultz-Hencke, Karen Horney und anderen begründeten beziehungsweise ausgebauten Neurosenlehre. Einige dieser Regeln wird der Leser kennenlernen. Wer selbst Zugang zu seinem Gefühlsleben findet und seine dem Bewußtsein nicht immer voll zugänglichen Reaktionen zu beobachten gelernt hat, wird sich in das Gefühlsleben eines neurotischen Patienten einfühlen können und ihn verstehen lernen.

Es gibt viele Definitionen des Begriffes Neurose. Es erscheint zweckmäßig, hier eine relativ allgemeinverständliche voranzustellen: Neurosen sind Störungen der gefühlshaften Erlebnisverarbeitung; sie kommen in der Regel durch einen Konflikt zwischen der Verwirklichung von Antrieben oder Triebansprüchen und den Forderungen der Umwelt oder eigener innerer Instanzen zustande. Diese haben sich durch Erziehungseinflüsse und tradierte

Wertmaßstäbe gebildet. Die durch die Neurosen entstehenden Symptome unterscheiden sich im allgemeinen von denen der organischen Medizin dadurch, daß ihnen lediglich Störungen der nervösen Funktion zugrunde liegen. Dabei sind Nervensystem und körperliche Organe intakt. Lediglich bei den psychosomatischen Erkrankungen können als Folge dieser funktionalen Störungen auch bleibende Organveränderungen beobachtet werden, wie etwa beim Magengeschwür.

Noch ein Wort zu den Psychotherapien. Es geht heute nicht mehr an, ein noch so gut gemeintes freundliches Eingehen auf den Patienten und seine Worte oder das beruhigende Schulterklopfen des Arztes als Psychotherapie zu bezeichnen. Wissenschaftlich begründete Psychotherapie, also seelische Krankenbehandlung, wird auf der Grundlage der medizinischen Psychologie und Tiefenpsychologie durchgeführt. Psychotherapie ist immer und ausschließlich eine Behandlung durch das Gespräch. Psychotherapie ist aber nur dann gemeint, wenn der Arzt nach klaren methodischen Gesichtspunkten vorgeht. Psychotherapie kann einen mehr stützenden Charakter haben oder kann mehr auf die Konflikte zentriert und damit aufdeckender Natur sein. Diese Unterschiede kommen schon im einfachen therapeutischen Gespräch zum Ausdruck. Methodisch straffer geführt sind die stützenden Suggestivmaßnahmen, deren ausgeprägteste Form die Hypnose ist. In der Selbsthypnose, etwa im autogenen Training, wird dem Patienten die Versenkung in den erforderlichen Entspannungs- und Bewußtseinszustand selbst in die Hand gegeben. Er gibt sich auch die stützenden und heilenden Suggestionen selbst. In der Hypnose können Konflikte und ihre Hintergründe aber auch aufgedeckt werden (Hypnoanalyse).

Die klassische aufdeckende, auf die Konflikte und die neurotischen Fehlhaltungen des Patienten hinzielende

Behandlung ist die Psychoanalyse. Sie ist gewissermaßen die Hohe Schule der Psychotherapie, mit der Hinwendung auf die sublimen Gefühle und Einfälle des Patienten und des Therapeuten zugleich. Psychoanalytische Kuren sind langwierig und kostspielig, und nur ein geringer Prozentsatz der neurotischen Patienten ist für diese Behandlung geeignet. Die Psychoanalyse hat aber das Verdienst, die unabdingbaren psychologischen und theoretischen Grundlagen beinahe jeder Psychotherapie zu liefern. Ohne ihre Beachtung werden in der Psychotherapie erhebliche, für den Patienten unter Umständen verhängnisvolle Fehler begangen.

Abgewandelte Formen, die sich nicht an die typische Technik der Psychoanalyse halten, sind die tiefenpsychologisch orientierten Therapien. Zu ihnen gehören manche Kurztherapien; sie ermöglichen es, die Behandlung abzukürzen und das Behandlungsziel zu begrenzen. Eine neue Form der Psychotherapie ist die Verhaltenstherapie, die ganz andere Wege geht und sich am Lernprozeß orientiert. Sie erlaubt die Behandlung bei Störungen, die den anderen Therapieformen wenig zugänglich sind.

Versuche, Medikamente zur Psychotherapie heranzuziehen, stehen eigentümlicherweise noch immer am Rande des Interesses, obgleich sie Erfolge haben können, die von anderen Behandlungsformen nicht erreicht werden. Da ist die Narkoanalyse, eine Behandlung, in der durch langsames Einspritzen eines Narkosemittels der Zustand einer gelockerten Aussprachebereitschaft herbeigeführt wird. Bei gewissen Arten neurotischer oder hysterischer Störungen können damit nicht allzu weit zurückliegende psychische Traumen (seelische Verletzungen) schnell zum Abreagieren gebracht werden.

Eine andere Form ist die psycholytische Therapie, bei der Halluzinogene zu Hilfe genommen werden. Prägende Erlebnisse bis zurück in die früheste Kindheit, Einsichten der eigenen Psychodynamik und die Gefühlsbeziehungen zum Therapeuten werden dabei überzeugend erlebt. Bisher der Psychotherapie nicht zugängliche Erkrankungen können auf diese Weise behandelt werden, und die Therapie erlaubt eine Abkürzung.

Psychotherapie gedeiht im allgemeinen am besten in der Sprechstunde oder in der Ambulanz, wenn also der Patient in seinem angestammten Milieu bleiben und seine Tätigkeit fortsetzen kann. Nur in Ausnahmefällen ist eine stationäre Psychotherapie sinnvoll und notwendig. Dafür stehen klinische Abteilungen in Universitäts- und anderen Kliniken sowie größere Spezialkliniken für psychogene und psychosomatische Erkrankungen zur Verfügung.

Wenn man Psychotherapie überwiegend in der Praxis durchführen wird, wird der Leser fragen, was er sich unter einem Psychotherapeuten vorstellen soll. Zunächst: einen Facharzt für Psychotherapie gibt es nicht, so dringend er auch erforderlich wäre. Man sollte wohl folgende Kategorien der in Psychotherapie ausgebildeten Ärzte unterscheiden: den voll ausgebildeten Psychoanalytiker, dessen langjährige Ausbildung der eines Facharztes gleichkommt; den praktischen Arzt oder Facharzt — nicht selten der niedergelassene Nervenarzt —, der sich durch den Zusatz ›Psychotherapie‹ auf dem Praxisschild ausweist und seine Therapie zum Teil, aber nicht ausschließlich, auf die Psychoanalyse stützt.

Zu einer weiteren Gruppe gehören Ärzte, die Ausbildungskurse und Seminare besucht haben und durch Selbststudium und Eigenerfahrungen Psychotherapie in ihrer Praxis betreiben. Nach dem Gesetz kann nämlich jeder Arzt, der voll approbiert ist, auch Psychotherapie durchführen. Die beiden letzten Gruppen der Psychotherapeuten kennzeichnen die derzeitige Lage: Die Zahl der voll ausgebildeten Psychoanalytiker ist außerordent-

lich klein und dementsprechend auch in ihrer Kapazität begrenzt.
Psychotherapie ist in Deutschland noch ein Pionierfach. Die meisten Krankenkassen erkennen aber heute erfreulicherweise Psychotherapie an und zahlen Zuschüsse oder übernehmen sogar die Behandlungskosten. An den Universitäten werden Lehrstühle und klinische Abteilungen eingerichtet.
Eines der größten Hindernisse, die Psychotherapie als ein gleichberechtigtes Fach innerhalb der Medizin anzusiedeln, bestand bisher darin, daß im Studiengang des Medizinstudenten keine Ausbildung auf diesem Gebiet stattfand. Der werdende Arzt erfuhr nichts über die psychischen Zusammenhänge der von ihm zu behandelnden Krankheiten. Hier ist, wie gesagt, eine Wende vorauszusehen: In der neuen Approbationsordnung für Ärzte sind Pflichtvorlesungen für medizinische Psychologie, Psychotherapie und psychosomatische Medizin vorgesehen. Die künftigen Ärzte werden also ganz anders vorbereitet sein, den psychogenen Kranken zu helfen. Wir dürfen auch damit rechnen, daß es in absehbarer Zeit einen Facharzt für Psychotherapie geben wird.
Zusammenfassend: Die Psychotherapie bildet im Umgang des Arztes mit dem Seelenleben des Patienten, den Ängsten, Konflikten und Zwiespältigkeiten nicht nur eine Ergänzung, sondern ein entscheidendes Gegengewicht zur operativ und chemisch orientierten Therapie der Organmedizin. Dabei kann die eine die andere nicht ausschließen. Im Gegenteil: beide ergänzen sich sinnvoll zum Wohle des Kranken.

Frigidität

Die Frau, die in der Kälte liebt

Frigidität – die Geschlechtskälte, das Unvermögen, sexuelle Erregbarkeit zu erleben – liegt als Schatten über dem Leben mancher Frau. Ihre Beziehung zum Partner kann dadurch schwer erschüttert werden. Frigide Frauen ahnen nicht, daß psychisches Fehlverhalten für ihre Gefühlskälte verantwortlich ist, wenn organische oder endokrine Störungen vom Arzt als Ursache ausgeschlossen worden sind.

Frau Gerda K., 30 Jahre alt und seit sechs Jahren verheiratet, ist eine sehr weibliche Erscheinung; elegant gekleidet wie eine Frau, die weiß, daß sie attraktiv ist. Ohne Umschweife erklärt sie dem Psychotherapeuten, sie komme nicht in die Sprechstunde, weil sie etwa selbst an Störungen oder Behinderungen leide.
›Ich komme, weil ich mir Sorgen um meinen Mann mache. Er ist so sensibel und so auf seine Männlichkeit bedacht, daß ich in letzter Zeit Angst habe, er könnte dahinterkommen und sich dann etwas antun.‹
Als der Psychotherapeut Frau K. fragt, wohinter ihr Mann denn kommen könnte, verliert sie ihre zur Schau getra-

gene Selbstsicherheit und erklärt fast verschämt: ›Ich glaube, ich bin frigide.‹
Sie habe ihrem Mann bisher immer eine lebhafte Gefühlsbeteiligung beim ehelichen Verkehr vorgespielt. Sie selbst erstrebe das intime Zusammensein aber gar nicht, könne es gut entbehren und erwarte von ihrem Mann viel Zärtlichkeit – er dürfe ihr dabei nur nicht zu dicht auf den Leib rücken.
Es fällt dem Therapeuten bereits nach diesen kurzen Hinweisen auf, daß es Frau K. gar nicht so sehr nur um ein sexuelles Problem im engeren Sinne geht, sondern daß sie offensichtlich in ihrer ganzen Rolle als Frau behindert ist. Ihr Auftreten und ihre Äußerungen lassen erkennen, daß sie ihren Mann nicht als Partner akzeptiert, daß sie vielmehr in einer bemächtigenden Weise mit ihm umgeht, ihn sozusagen als Objekt behandelt. Auch ihre Fürsorge für ihn hat einen etwas gewaltsamen Akzent.
Das wird klarer, wenn man untersucht, warum bei Frau K. die von ihr selbst geschilderten Befürchtungen erst nach mehrjähriger Ehe aufgetaucht sind.
Sie hat keine Kinder, fühlt sich daher nicht ausgefüllt und wird berufstätig. Ihrem Ehrgeiz entsprechend, hat sie eine Stellung mit erheblicher Verantwortung. Vor einigen Monaten wurde sie einem neuen Abteilungsleiter zugeteilt, der ihr als unwiderstehlicher Erfolgsmensch erscheint. Dieser Mann beflügelt ihre Phantasie; der Gedanke, nur er könne sie beglücken, gewann immer mehr Macht über sie. Gerda K. geriet in einen Zwiespalt, denn sie schätzte ja ihren eigenen Mann, obwohl sie ihn unbewußt als Schwächling verachtete. Da sie Angst hatte, sich irgendwann einmal durch Gefühle der Hingabe auszuliefern, sehnte sie sich – wenn es denn schon sein mußte – nach dem überwältigenden Mann, der sie sozusagen im Sturm besiegt.

An Stelle von Empfindungen der Liebe und Zuneigung ist ihre Beziehung zum Partner durch Streben nach Macht und Unterwerfung bestimmt. Statt liebevoll aufzunehmen und sich hinzugeben, ist ihre Partnerbeziehung von feindseligen Gefühlen durchsetzt; die Liebe ist so zum Kampf geworden.
Manche Psychotherapeuten bezeichnen Frauen mit dieser Art von Frigidität in Anlehnung an das Nibelungenlied. als ›Brunhilde-Typ‹: Brunhilde konnte sich nur dem stärksten Mann hingeben, der seine Stärke und Überlegenheit im Kampf mit ihr bewies; ihre Liebe war mit Haß gemischt. Frau K. spürte diesen Zwiespalt, der ja auch ihre Befürchtungen auslöste und sie zum Psychotherapeuten brachte.
Besondere Schwierigkeiten bereitete Frau K. der Umgang mit anderen Frauen, denn sie spürte instinktiv deren Überlegenheit im selbstverständlichen Verhalten Männern gegenüber. Sie versuchte, dieses Rivalitätsproblem durch Tüchtigkeit und Erfolg zu lösen, und vermied es strikt, mit einer Frau in ein vertrautes Gespräch zu kommen.
Frau K. vermutete selbst, daß ihre Schwierigkeiten etwas mit der Atmosphäre ihres Elternhauses zu tun haben könnten. Vor allem die Mutter hatte es ihr schwergemacht, sie als weibliches Vorbild zu sehen. Der Hang zu perfekter Sauberkeit betraf nicht nur ihr Haus, sondern auch ihren Körper, der für die Mutter aus ›sauberen‹ und ›unsauberen‹ Zonen bestand. Diese Einstellung blieb nicht ohne Einfluß auf die Tochter, die sie bald zur ›Vertrauten‹ machte und nicht mit Andeutungen verschonte, wie ekelhaft letzten Endes körperliche Beziehungen zu Männern seien. Dieses Scheinangebot von Intimität der Mutter an die Tochter war begleitet von Verweigerung echter zärtlicher Zuneigung.
Der Vater der Frau K., außer Haus angesehen und ge-

achtet, resignierte zu Hause gegenüber seiner Frau. Während diese der Tochter immer wieder einhämmerte: ›Sieh zu, daß du etwas lernst, damit du nicht von einem Mann abhängig wirst‹, zeigte der Vater hinter dem Rükken der Mutter Gefühle der Zuneigung gegenüber der Tochter. In dieser zwiespältigen Gefühlssituation mußte sie diese Zuneigung als verführerisch, ja gefährlich erleben. Denn gleichzeitig haßte sie diesen Vater, weil er schwach und unfähig war, seine eigene Frau zu zähmen und zu einer ›guten Mutter‹ zu machen.
Über diesen Fall ein Gespräch mit dem Psychotherapeuten Dr. Johann Zauner* vom Fachkrankenhaus für psychogene Erkrankungen in Tiefenbrunn bei Göttingen.

Herr Doktor Zauner, unter einer frigiden Frau stellt sich der Laie ein Geschöpf vor, das im Bett ein Eisblock ist. Männer sprechen oft zynisch von einem ›kalten Aas‹. Ist Frau K. auch so?

ZAUNER: Vielleicht nicht so kraß, aber doch typisch für die sogenannte neurotische Frigidität, also eine Form, die ihre Wurzeln im Seelischen hat. Frigidität als Mangel an sinnlichem Erleben während des Sexualverkehrs ist zunächst nur ein Symptom und sagt noch nichts über

* *Dr. Johann Zauner*, geboren 1919 in Linz, ist Medizinaloberrat und Facharzt für Innere Medizin. Seit 1956 im Niedersächsischen Landeskrankenhaus Tiefenbrunn, Fachkrankenhaus für psychische und psychosomatische Erkrankungen, zunächst als Internist, nach psychoanalytischer Ausbildung ausschließlich als Psychoanalytiker tätig. Ab 1965 Erster Oberarzt und stellvertretender Direktor. Zauner ist Dozent und Lehranalytiker im Institut für Psychoanalyse und Psychotherapie in Göttingen und Vorstandsmitglied der Deutschen Psychoanalytischen Gesellschaft. Wissenschaftliche Interessengebiete und Publikationen: psychosomatische Medizin, Rehabilitation psychosomatischer Erkrankungen und Psychotherapie von Kindern und Jugendlichen.

seine Entstehung aus. Wir kennen verschiedene Ursachen der Frigidität, wenn auch erfahrungsgemäß die seelisch bedingten Formen bei weitem überwiegen.
Das Gefühlsleben der Frau kann zum Beispiel durch Veränderungen an den Geschlechtsorganen behindert sein. Es kann auch eine organische Erkrankung des zentralen Nervensystems die Gefühlsempfindlichkeit auslöschen oder einschränken. Es kommt auch vor, daß nicht eine neurotische Fehlentwicklung den Ausgangspunkt des Leidens bildet, sondern mehr eine allgemeine Gefühlsunsicherheit: Scheu sexuellen Dingen gegenüber oder Ungeschicklichkeit beim Zusammensein mit dem Partner. Diese Form läßt sich meist in kurzer Zeit durch beratende Gespräche beheben. Manche Frau kommt tatsächlich erst durch die wachsende Zuneigung zu ihrem Partner in die Lage, voll zu empfinden.
Im Fall der Frau K. geht es jedoch um die häufigste Ursache der Frigidität, nämlich die seelisch bedingte. Hier ist eine Fehlentwicklung des Erlebens die Ursache.

Über den Begriff Frigidität herrschen die merkwürdigsten Vorstellungen. Kann man frigide zur Welt kommen?

ZAUNER: Das ist unwahrscheinlich. Es gibt ja kein absolutes Maß der Empfindungsstärke eines Menschen, nicht nur in bezug auf sein sexuelles Erleben, sondern auf sein Gefühlsleben überhaupt. Die Stärke der Empfindungen ist nicht abhängig von bestimmten Techniken oder von bestimmten körperlichen Vorzügen. Der Verkehr beinhaltet neben sexuellen Reizen ja auch Gefühle der Hingabe. Sexuelles Erleben ist kein Erleben, das sich isoliert an den Geschlechtsorganen abspielt.

Sexualliteratur von heute verführt eigentlich zu dem Schluß, daß Liebe letztlich nur eine Frage der Technik und der Potenz ist.

ZAUNER: Leider. Dadurch werden viele Frauen, die bisher mit ihrem Mann ein beglückendes Leben geführt haben, unsicher. Sie fürchten plötzlich, ihrer ›Pflicht als Frau‹ nicht zu genügen, wenn sie im Bett nichts mehr erleben.

Kann eine frigide Frau eine gute Liebestechnikerin sein?

ZAUNER: An sich schon – es sei denn, ihre Störung ist so ausgeprägt, daß sie gar nicht in der Lage ist, einen Verkehr zu vollziehen. Frau K. ist typisch für solche Fälle, in denen Frauen aus Verpflichtungsgefühl, um dem Wunsch ihres Mannes entgegenzukommen, die Rolle der beteiligten Partnerin spielen. Das ist kein betrügerisches Manöver, sondern entstammt eben dieser Leistungs- und Verpflichtungseinstellung dem Mann gegenüber.

Hatten Sie bei Frau K. den Eindruck, daß sie ihren Mann liebt?

ZAUNER: Auf ihre Art: ja. Sie liebte und brauchte ihn so, wie er ist. Ihre neurotische Fehleinstellung kam bereits bei der Partnerwahl zum Vorschein. Da sie ja nicht in der Lage war, sich liebevoll hinzugeben und mit ihrem Partner einen Weg zum ›Wir‹ zu finden, hatte sie sich einen Mann gesucht, der für ihre Art zu lieben geeignet war. Sie wollte einen Mann, der sie als die Stärkere, als die Lebenstüchtigere brauchte. Das war ihre Art zu lieben.

War Frau K. als Jungfrau in die Ehe gegangen?

ZAUNER: Sie hatte vor der Ehe nur wenig Verkehr mit ihrem späteren Mann. Aber auch nicht aus liebevoller Zuwendung und eigenem Gefühlsbedürfnis heraus, sondern mehr um ihre Pflicht – wie sie meinte – ihrem Partner gegenüber zu erfüllen.

Die Ehe war kinderlos?

ZAUNER: Ja, bewußt kinderlos, da die Patientin wegen ihrer männlich-aktiven Einstellung nicht auf ihren Beruf verzichten wollte. Aus dem Beruf zog sie ihre Befriedigungserlebnisse.

Der Laie versteht unter Frigidität Gefühlskälte im sexuellen Verhalten, vielleicht sogar Ekel vor Sex und damit Unfähigkeit zum Orgasmus. Ist das richtig?

ZAUNER: Nicht, wenn man die gesamte Problematik der frigiden Frau sieht. Es stimmt sicherlich, daß sehr viele dieser Frauen alles, was mit Sexualität zusammenhängt, als unsauber empfinden und ablehnen. Es muß aber nicht so sein. Ich würde auf keinen Fall sagen, daß das Fehlen des Orgasmus Ausdruck von Frigidität ist. Orgasmus als motorischer und gefühlshafter Höhepunkt des Aktes ist nicht unbedingt Zeichen voller Liebesfähigkeit. Es gibt zum Beispiel eine Störung, die der Münchener Psychoanalytiker Professor Matussek ›Impotentia satisfactionis‹ nennt, Unfähigkeit zur Befriedigung — trotz des vollständigen Orgasmus mit allen körperlichen Erscheinungen. Nur fehlt hier das Wesentliche des Liebesvollzugs: die gefühlshafte Hingabe an den Partner. Die Partner bleiben jeder für sich. Beim Verkehr kommt es zwar zum technischen Höhepunkt, aber es besteht trotzdem eine Art seelische Frigidität und — im gewissen Sinne — Impotenz, denn die Verbundenheit fehlt.

Dann bezieht sich der Begriff Frigidität also nicht allein auf den sexuellen Bereich?

ZAUNER: Nein. Die Gefühlsintensität frigider Frauen ist meist sehr stark. Auf Grund ihrer seelischen Struktur glauben sie jedoch, sich Gefühle nicht leisten zu können, und so erscheinen sie nach außen hin gefühlsarm. Unbehindertes Erleben bedeutet für sie Auslieferung an den Mann.

Zurück zu Ihrer Patientin Gerda K. Als der neue Chef auftauchte, dieser Supermann, fürchtete sie, sich ihm gegenüber zu verlieren. Wie ist dieses Verlieren gemeint – fürchtete sie das Verlangen, mit diesem Mann ins Bett zu gehen?

ZAUNER: Nein. Das wollte sie sicher nicht. Sie hatte wohl eher die verschwommene Erwartung, beglückt zu werden.

In Frau K.s Vorgeschichte heißt es, sie erstrebte den Verkehr mit ihrem Mann nicht, sie konnte ihn entbehren. Heißt das, sie konnte die sexuelle Intimität nur bei ihrem Ehemann entbehren, oder galt das für jeden Mann, dem sie begegnete?

ZAUNER: Frau K. hatte bisher außer ihrem eigenen Mann noch keinen Mann näher kennengelernt. Es ist aber ihrer seelischen Struktur nach anzunehmen, daß sich die Störung auf das Verhältnis zum Mann überhaupt bezog.

Würde diese Frau ihren eigenen Mann gegen den Supermann eintauschen?

ZAUNER: Nein, das würde an ihren Problemen nichts ändern, und auf ihre Art hängt sie ja an ihrem Mann.

Haben Sie die Wurzel der Frigidität bei Frau K. finden können?

ZAUNER: Da kamen verschiedene Momente zusammen. Gerda K. war ja nicht von Natur aus gefühlskalt, sondern im Grunde eine warmherzige Frau, die ihre Fähigkeit zur Hingabe aus Angst abriegeln mußte.

Woher kommt diese Angst?

ZAUNER: Das ist eine alte Angst aus der Kindheit. Wir begegnen ihr oft, wenn Patientinnen bestimmte Gefühlsbedürfnisse aus ihrem Erleben ausklammern, weil diese Bedürfnisse für sie früher einmal außerordentlich gefährlich waren.

Schwer zu verstehen. Wie meinen Sie das?

ZAUNER: Als Frau Gerda ein Kind war, wurden ihre Bedürfnisse nach selbstverständlicher zärtlicher Gefühlszuwendung nicht erfüllt. Wir haben ja gesehen, daß ein vertrauensvolles Verhältnis zur Mutter sehr fragwürdig geworden war. Auf der einen Seite hatte die Mutter sie ins Vertrauen gezogen und zur Vertrauten gemacht, gleichzeitig aber die Gefühlsbedürfnisse ihrer Tochter nicht akzeptiert. Auf der anderen Seite zeigte der Vater Entgegenkommen, doch Gerda stieß hier auf die erdrückende Rivalität der Mutter. Dazu kam noch, daß die Mutter immer wieder jedes Gefühl einer Frau einem Mann gegenüber als etwas Unsauberes und Gefährliches hinstellte.

Wie war es denn, als Gerda K. siebzehn Jahre alt war – hatte sie Freunde? Sie sagten doch, daß sie recht attraktiv aussah. Wie spielten sich diese Freundschaften ab?

ZAUNER: Gerda wurde zur Einzelgängerin. Männer waren für sie gefährlich, zugleich aber im Hintergrund verführerisch. Die Altersgenossinnen waren für sie beängstigend, da sie mit ihnen in puncto Freunde nicht rivalisieren konnte. In dieser Situation hatte sie damals eine etwas arrogante Einstellung gewonnen und versucht, durch hervorragende Leistungen in der Schule ihre Schwierigkeiten zu überbrücken.

Was haben Sie als Psychotherapeut mit dieser Patientin gemacht?

ZAUNER: Ich stand zunächst vor der Frage, ob sie überhaupt behandelt werden wollte.

Wollte sie?

ZAUNER: Ja und nein. Zum Therapeuten getrieben hatte sie ja, wie sie sagte, die Angst, ihr Mann könnte einen Schock erleiden, falls sie ihm mitteilte, wie es wirklich in ihr aussieht. Sie hatte eigentlich vor, sich noch mehr von sexuellen Aktivitäten zurückzuziehen und eine rein kameradschaftliche Gemeinschaft anzustreben.

Hatte sie keine Angst, daß der Mann ihr wegläuft?

ZAUNER: Die hatte sie immer, obwohl ihr Mann ihr keinen Hinweis für eine solche Absicht gegeben hat.

Mit Medikamenten, also etwa mit Hormonen, kann man in solchem Fall nichts ausrichten?

ZAUNER: Nein, denn es handelt sich ja hier nicht um die Folgen einer hormonellen Störung, ja nicht einmal um eine Störung im Bereich der Sexualorgane, sondern eben um eine Störung in der Gefühlswelt.

Der Psychotherapeut Doktor Zauner mußte doch bei einer neurotisch gestörten Frau wie Gerda K. zwangsläufig eine bestimmte Rolle als Mann spielen. Die Patientin wird Sie kaum als Neutrum hingenommen haben, sondern wies Ihnen sicherlich einen bestimmten Platz innerhalb ihrer gestörten Beziehungen zu Männern zu.

ZAUNER: Der Psychotherapeut übernimmt von sich aus keine bestimmte Rolle, er bietet sich vielmehr der Patientin sozusagen als Projektionswand ihrer Gefühle an. Dabei wird er in der Rolle erlebt, die der augenblicklichen Problematik der Patientin entspricht. Diese Rolle wechselt im Laufe der Behandlung, und gerade dadurch ergeben sich für den Patienten neue Erfahrungen im Umgang mit Menschen überhaupt. Wir sprechen hier vom wichtigen Begriff der Übertragung.

Hatten Sie den Eindruck, daß Frau K. von Ihnen zeitweise enttäuscht war?

ZAUNER: Diesen Eindruck hatte ich schon beim ersten Gespräch.

Und wissen Sie auch, woher diese Enttäuschung kam?

ZAUNER: Vor allem aus der Tatsache, daß ich trotz meiner offenen Einstellung ihr gegenüber nicht bereit war, mich in ihrem Sinne manipulieren zu lassen.

Was haben Sie im Laufe der Behandlung bei Frau K. erreichen können?

ZAUNER: In der Vorbereitung auf die eigentliche Behandlung kam es darauf an, daß sie bereit war, sich selbst als leidenden Menschen zu akzeptieren.

Hatte sie bisher daran gezweifelt?

ZAUNER: Natürlich. Sie sah die Schwierigkeiten ja vorwiegend bei ihrem Mann.

Und sie kam nicht auf den Gedanken, daß die Schwierigkeiten durch sie selbst entstanden sein könnten?

ZAUNER: Das ist für eine Frau in dieser Situation sehr schwer.

Wie ging es dann weiter? Nach vorbereitenden Gesprächen kam doch irgendwann der Augenblick, da Sie die Patientin aufforderten, sich auf die Couch zu legen?

ZAUNER: Für mich war es keineswegs verwunderlich, daß sie zunächst nicht über ihre direkten Probleme sprach, sondern sich mit der Tatsache auseinandersetzte, daß sie liegen sollte, während ich saß; daß sie sich also mir gegenüber – in ihren Augen – in eine unterwürfige Lage begab. Sie erlebte mich so als wesentlich Stärkeren und ließ bald Rivalitätsgefühle erkennen, verbunden mit großen Ängsten, sich mir auszuliefern. Hier kam also gleich durch die äußere Anordnung der psychoanalytischen Behandlungsart die Hauptproblematik zum Vorschein. Es dauerte eine Zeitlang, bis mich Frau K. überhaupt als behandelnden Partner akzeptierte, genauso wie sie andere Männer zunächst nicht als Partner akzeptieren konnte. Das zeigt, wie die äußere Situation im Zimmer des Therapeuten etwas im Patienten hervorholt und wie durch die analytische Vorbereitung der Patient zu tiefen Einsichten in seine bisherigen unbewältigten Ängste und Lebenseinstellungen gelangt.

Wie viele Behandlungsstunden haben Sie gebraucht, um Frau K. dann wieder in die freie Wildbahn ihres eigenen Lebens zurückkehren zu lassen?

ZAUNER: Da sich die Patientin in ambulanter Behandlung befand, stand sie ja sozusagen immer in ihrer realen Umwelt. Es ist gerade bei der Psychotherapie außerordentlich wichtig, daß der Patient ständig mit seinen gewohnten Lebensumständen im Beruf und in der Familie konfrontiert bleibt. Die Behandlung der Frau K. hat ungefähr 150 Stunden gedauert. Sie war kürzer als erwartet. Das lag mit daran, daß die Patientin einen Ehepartner hatte, der sich durch die Analyse seiner Frau selbst mitentwickeln und entfalten konnte.

Das heißt, daß Frau K. ihren Mann daran teilnehmen ließ, indem sie ihn informierte?

ZAUNER: Nein. Wir raten unseren Patienten, gerade das nicht zu tun. Der Ehemann ging mit, indem er die veränderten Einstellungen seiner Frau förderte. Ist der andere Ehepartner selbst sehr neurotisch, so ist er oft geneigt, die Entwicklung des in Behandlung befindlichen Partners zu behindern und zu unterdrücken.

Nervöses Magenleiden

Der Mann, der nicht genießen kann

Menschen mit nervösen Magenleiden müssen vielfache Qualen erdulden: Die Freude am Essen ist ihnen verwehrt. Dem verdrängten Hunger nach Lebensgenuß steht die Angst gegenüber, selbst ›aufgefressen‹ zu werden. Magenkranke leben meist am Leben vorbei, denn sie sitzen am gedeckten Tisch, können aber nicht zugreifen. Dem Psychotherapeuten gelingt es fast immer, die Wurzeln dieses Verhaltens aufzudecken. Die Erkenntnis heißt für den Patienten, daß der erste Schritt zur Heilung getan ist.

Der Verwaltungsinspektor Karlheinz F., 36 Jahre alt, verheiratet, zwei Kinder, wird von seinem behandelnden Internisten in eine Fachklinik für seelisch bedingte Erkrankungen überwiesen. Diese Maßnahme empört ihn. Er hat doch nur Magenbeschwerden. Was soll er also in einem Krankenhaus, wo Patienten sind, die an nervösen Störungen und seelischen Schwierigkeiten leiden? Herr F. ärgert sich über seinen Einweisungsarzt, der bei ihm offenbar eine psychische Erkrankung vermutet.
Dabei war Herr F. bisher seelisch sehr stabil; er hat eine

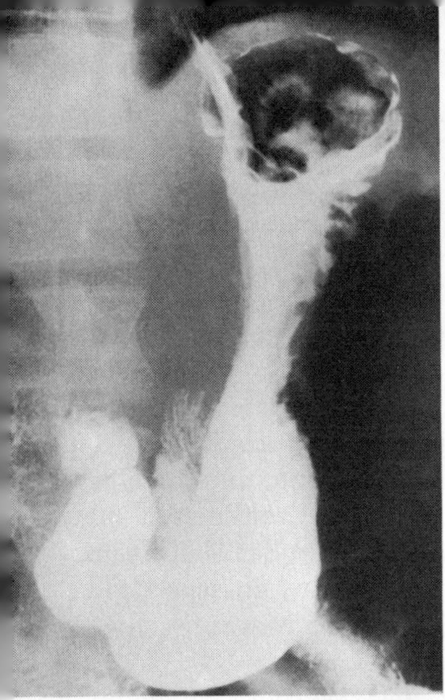

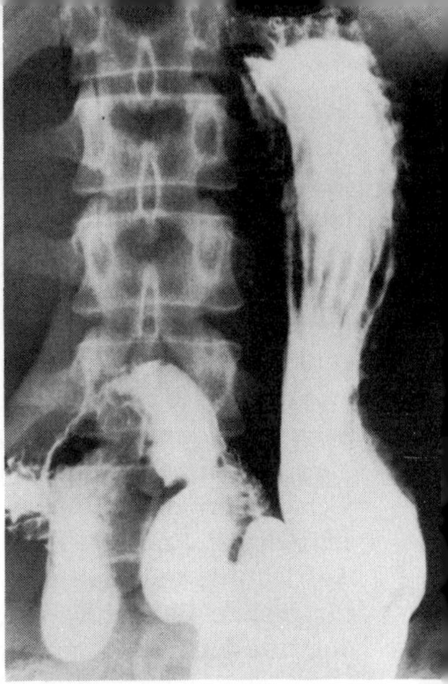

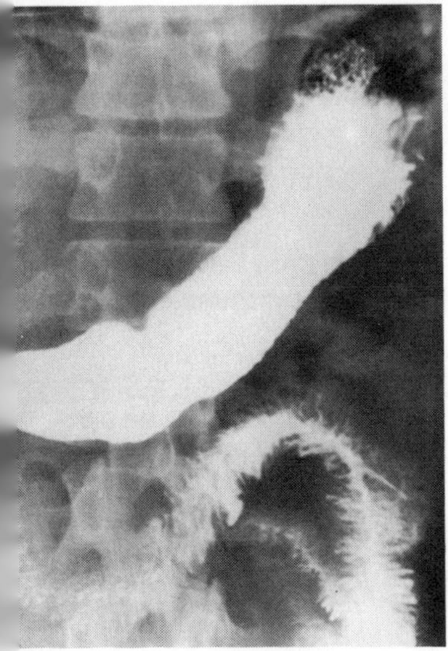

Der Magen ist eine Visitenkarte der Psyche
Damit sich der Magen im Röntgenbild von anderen Organen abhebt, muß der Patient vorher einen weißen Kontrastbrei schlucken. Bild 1 zeigt die typische Hakenform eines gesunden Magens. Auch die beiden anderen Fotos weisen keine krankhaften Veränderungen auf. Doch der Röntgenblick in den Bauch verrät den nervlichen Zustand der Patienten: Der breite, schlaffe Magen (2) gehört einem depressiv-resignierten Patienten. Der Besitzer des dritten Magens (3) ist leicht reizbar; die Konturen der Röntgenfotografie sind Wellen nervöser Erregung.

Menge durchgemacht, sich emporgearbeitet und gilt im Amt als ein ausgeglichener Mensch. Tatsache ist auch, daß er schon seit Jahren mit dem Magen zu tun hat. Es hatten sich sogar Magengeschwüre entwickelt. Die Diätbehandlung half auf die Dauer nicht weiter, so daß er schließlich operiert werden mußte.
Kurze Zeit danach fing es aber wieder von vorn an: Magenkrämpfe nach dem Essen, mitunter auch davor, Übelkeit und heftiges Sodbrennen. Die Ärzte waren mit ihrem Latein am Ende. Der Internist wußte auch keinen Rat mehr, als er zuletzt auf ›die Nerven‹ tippte und die Überweisung in die Klinik für seelische Krankheiten ausschrieb. Und nun ist Herr F. also hier, voller Skepsis und Ablehnung, und hält, um es rundheraus zu sagen, alles für großen Quatsch. Was sollen seine Magenbeschwerden mit dem Seelischen zu tun haben?
Der behandelnde Arzt, Prof. Dr. Werner Schwidder*, sprach darüber mit dem Autor.

Herr Professor Schwidder, wie soll sich ein Laie vorstellen, daß eine seelische Störung zu einem Magengeschwür führt? Wo ist der Zusammenhang zwischen dem, was in der Seele vorgeht, und dem, was sich im Körper abspielt?

SCHWIDDER: Allgemein ist noch viel zuwenig bekannt, daß körperliche und seelische Reaktionen zusammengehören,

---

* *Professor Dr. Werner Schwidder*, geboren 1917 in Berlin, war bis zu seinem Tode am 2. September 1970 Direktor des Niedersächsischen Landeskrankenhauses für psychogene und psychosomatische Erkrankungen in Tiefenbrunn. Ab 1964 Lehrauftrag für das Fachgebiet Psychosomatik an der Universität Göttingen. Seit 1959 Erster Vorsitzender der Deutschen Psychoanalytischen Gesellschaft und der Deutschen Gesellschaft für Psychotherapie und Tiefenpsychologie. Mitherausgeber und Schriftleiter der Fachzeitschriften ›Praxis der Kinderpsychologie und Kinderpsychiatrie‹ und ›Zeitschrift für psychosomatische Medizin und Psychoanalyse‹.

daß sie eine Einheit bilden. Eine Trennung zwischen körperlichen und seelischen Abläufen gibt es streng-genommen nicht. Angst wird zum Beispiel von einer Reihe körperlicher Reaktionen begleitet. Jeder kennt das: Herzklopfen, Zittern, Schwitzen, Enge in der Brust, Erröten oder Erblassen. Die spezielle Frage: Wie kommt es zum Magengeschwür? – kann auf Grund zahlreicher Untersuchungsergebnisse beantwortet werden. Wir haben mit Patienten bestimmte Situationen besprochen, von denen wir wissen, daß sie für diese Menschen schwere Konflikte bedeuten. Vor dem Röntgenschirm haben wir gesehen, wie ihr Magen sich dabei stark zusammenzieht. Beim Erleben solcher Konflikte sind vermehrte Sekretion der Magenschleimhaut und Produktion von Magensäure beobachtet worden.

Reagieren alle Menschen so oder nur gewisse Typen?

SCHWIDDER: Man kann sagen, daß alle Menschen auf bestimmte Konflikte mit körperlichen Erscheinungen reagieren. Bei Menschen mit funktionellen Magenstörungen scheint eine allgemeine psychische Prägung vorzuliegen, die aus dem ›Hunger‹-Erleben im weitesten Sinne stammt. Gemeint ist damit Hunger sowohl im körperlichen wie im seelischen Sinne, also Hunger nach Zärtlichkeit, menschlicher Nähe, nach Wohlwollen, Geselligkeit und Geborgenheit. Man weiß ja, daß seelischer Hunger durch vieles Essen notdürftig ausgeglichen werden kann. Denken Sie an den ›Kummerspeck‹. Ein Mensch hat also auf bestimmte Art ständig Hunger. Er bekommt nie genug vom Leben, weder in seinen Liebesbeziehungen noch in materieller Hinsicht. Er hat die Hemmungen meist schon seit der Kindheit und hat einen Widerwillen entwickelt, sich damit überhaupt zu beschäftigen. Stellvertretend reagiert der Körper auf das, was die Seele sich nicht holen kann.

Das ist schwer zu verstehen. Sie sagen, da ist ein Mensch, der immer hungert und sich nichts nehmen kann. Und dann sagen Sie, er ist in ständiger Abwehr. Wenn er immer Hunger nach Essen, nach Besitz oder nach Liebe hat, dann tut er doch etwas.

SCHWIDDER: Jeder Mensch, der normal reagiert, würde jetzt aktiv werden; er würde versuchen, den seelischen oder körperlichen Hungerzustand zu beseitigen. Gerade bei Magenkranken fällt jedoch auf, daß sie resignieren, daß sie sich scheinbar mit dem Hungerzustand abfinden, also das Gegenteil von dem tun, was der gesunde Mensch erwarten würde.

Kommen wir nun zu unserem Patienten, dem Verwaltungsinspektor. Ist sein Fall typisch, steht er für viele ähnliche Leiden?

SCHWIDDER: Ja. Über die Geschwüre und die ständigen Schmerzen hinaus bedrückt den Patienten in Wirklichkeit aber noch etwas anderes: ein tiefes inneres Unbehagen. Er verträgt ja so vieles nicht. Herr F. hat sich natürlich längst das Kaffeetrinken abgewöhnen müssen. Er darf auch keinen Schnaps mehr trinken. Das Rauchen hat er auch ganz aufgegeben. Dennoch ging aus einigen seiner Bemerkungen hervor, daß er stolz darauf ist, anspruchslos und von Natur aus sehr bescheiden zu sein. Er kommt mit dem Notwendigsten aus. Das betrifft nicht nur Essen und Trinken, sondern seine ganze Lebensführung. In dieser Haltung von Herrn F. findet man einen Charakterzug, der für viele Magenkranke typisch ist. Alle sind sie im Grunde unfähig, sich des Lebens zu freuen.

Sind diese Patienten auf Grund ihrer Beschwerden genußunfähig geworden, oder ist die Reihenfolge umgekehrt?

SCHWIDDER: Sie ist umgekehrt. Bleiben wir bei Herrn F. Die vorbereitenden Gespräche ergaben, daß er in einem sehr asketischen häuslichen Milieu aufgewachsen war. In seinem Elternhaus, einem Beamtenhaushalt, herrschte größte Sparsamkeit, nur das Einfachste kam auf den Tisch. Nachdem der Vater gestorben war, mußte die Mutter mit einer kleinen Pension zurechtkommen. Ihre vier Kinder erzog sie zu größter Bescheidenheit. Ihre Devise: Sei fleißig und stell keine Ansprüche.

Durch diese Erziehung wurde Herr F. gehemmt und in eine Richtung getrieben, die ihm verbot, an seinen eigenen Lebensgenuß zu denken. Später betrachtete er seine Sparsamkeit und seinen Arbeitseifer als eine Tugend. Das kann viele Jahre gutgehen, der Patient ist zufrieden und äußerlich auch erfolgreich. Doch dann kommt es zu anhaltenden seelischen Belastungen, und eines Tages treten die ersten Magenbeschwerden auf. Der Patient greift die zusätzlichen, vom Arzt empfohlenen Einschränkungen begierig auf und glaubt, er tue damit etwas Gutes, handelt er doch zugleich im Sinne seiner Kindheit, wie es von der Mutter immer wieder gewünscht und verlangt wurde.

Sie stellen es als selbstverständlich hin, daß Bescheidenheit zu Magenbeschwerden führt, aber wo ist da der Zusammenhang?

SCHWIDDER: Den seelisch-körperlichen Zusammenhang müssen Sie sich etwa so vorstellen: Herr F. erlebt Furcht, wenn er die Gebote der Mutter überschreiten will. Diese Furcht wird zur Angst, die er zwar nicht mehr bewußt erlebt, die sich aber seelisch als Sperre, als Hemmung oder Behinderung bemerkbar macht. Er schränkt sich also noch mehr ein. Durch diese Hemmung hat er schon längst eine wichtige Fähigkeit verloren, die jeder Mensch zur Lebensbewältigung braucht: die Fähigkeit zuzugreifen, sein Recht zu wahren, Forderungen zu stellen. Eine gesunde Entwicklung in dieser Richtung wurde ja schon in der Kindheit unterbunden. Er glaubt, allein durch Tüchtigkeit, durch Fleiß und indem er andere Menschen zufriedenstellt, das Leben meistern zu können. Was ihm fehlt, ist ein Stück gesunder Egoismus, der mit Genußfreudigkeit verbunden ist. Und hier haben wir wieder das Erstaunliche: Der Mensch merkt, daß auf solche psychisch bedingten Einschränkungen auch sein Organismus reagiert – in diesem Fall mit Magenschmerzen.

Sie haben sich entschlossen, Herrn F. psychotherapeutisch zu behandeln. Wie machen Sie das?

SCHWIDDER: Der erste Schritt ist, in diesem skeptischen, argwöhnischen Mann, der nur widerwillig zu uns in die Klinik gekommen ist, Verständnis dafür zu erwecken, daß sein Leiden psychotherapeutisch behandelt werden muß, daß wir uns also hier nicht mit seinem Körper, sondern mit seinem Seelenleben beschäftigen. Dabei soll er kritisch sein und mir nichts blind glauben.

Und bald haben Sie ein ziemlich genaues Bild von Ihrem Patienten. Wie haben Sie sich dieses Bild verschafft?

SCHWIDDER: Es kam zunächst darauf an, dem Patienten klarzumachen, daß seelische Faktoren in seinem scheinbar rein körperlichen Krankheitsgeschehen eine große Rolle spielen. Ich habe versucht, ihn dahin zu bringen, daß er die Situation schildert, in der er seine Magenbeschwerden erstmals bemerkt hat. Daraus erhält man Aufschlüsse über wichtige Zusammenhänge.

Hat in diesem Stadium des ärztlichen Gesprächs bereits die analytische Behandlung begonnen? Liegt Ihr Patient auf der Couch?

SCHWIDDER: Nein. Diese Fragen dienen der Vorgeschichte. Allerdings sind wohl alle Psychotherapeuten der Meinung, daß das auch schon ein Teil der Behandlung ist. Aber der Patient liegt noch nicht auf der Couch, er sitzt dem Therapeuten gegenüber. Viele Patienten sind zunächst befremdet, daß sie von mir nicht untersucht werden. Die körperliche Untersuchung nimmt aber bei uns in der Klinik nicht der gleiche Arzt vor, der die seelische Behandlung durchführt.

Und diese körperliche Untersuchung soll dem Psychotherapeuten garantieren, daß es keine organischen Ursachen für die Beschwerden gibt?

SCHWIDDER: Ja. Es gibt ja auch Magenleiden, die nicht psychisch bedingt sind. Zum Beispiel kann sich eine bösartige Geschwulst entwickeln, oder es kann sich um Auswirkungen organisch bedingter Verbrennungen, Entzündungen oder anderer Schäden handeln. Man muß stets die Befunde sorgfältig nachprüfen, damit man nicht eine psychotherapeutische Behandlung beginnt, wenn die wirkliche Ursache organisch bedingt ist.

Das kann der frei praktizierende Therapeut natürlich nicht.

SCHWIDDER: Er wird verlangen, daß vorher alle organischen Befunde geklärt sind.

Wir sind bei einem sehr wichtigen Punkt. In seiner Beziehung zum Arzt, der sich seiner körperlichen Beschwerden annimmt, ist der Patient doch in erster Linie Objekt. Es wird etwas mit ihm gemacht. Zwar geht es nicht ganz ohne seine Beteiligung, aber er ist passiv und nimmt die notwendigen Maßnahmen hin. Ganz anders, wenn der Patient zum Psychotherapeuten kommt. Hier ist seine Aktivität Voraussetzung. Ist das richtig?

SCHWIDDER: Absolut. Der Patient soll davon ausgehen, daß eine Änderung nur durch eigenen Beitrag und eigene Leistung möglich ist, unter Assistenz des Therapeuten.

Sie haben also Herrn F. zu der notwendigen Einsicht bringen können. Er ist bereit, nachdem er praktische Ärzte, Internisten, Röntgenologen und Chirurgen konsultiert hatte, sich nun auch dem Psychotherapeuten anzuvertrauen, um seine Magenbeschwerden loszuwerden. Was geschieht jetzt?

SCHWIDDER: Ich versuche, mir ein Bild vom Umfang der inneren Fehleinstellungen zu machen, die hinter seinen Beschwerden stehen. Bei Herrn F. wird deutlich, daß die Angst eine wichtige Rolle spielte.

Wie haben Sie das erfahren?

SCHWIDDER: Schon in den ersten Sitzungen stellte Herr F., wenn er einen Gedanken äußerte, eine Bemerkung machte, sofort danach immer die Frage: ›Herr Professor, ist das so richtig?‹ Ich sagte: ›Ja, Sie fragen das sehr oft.‹ Und er fragte nach kurzer Zeit wieder: ›Ist das im Sinne, wie ich es machen soll?‹ Das sind wichtige Hinweise.

Vielleicht ist das nur eine formale Unsicherheit gegenüber dem Ablauf der Behandlung, weil der Patient die Spielregeln noch nicht beherrscht.

SCHWIDDER: Nein, das ist es nicht. Vor Beginn der Behandlung werden die Spielregeln verabredet. Dazu gehört, daß der Patient auftauchende Gedanken, welche auch immer, sofort ausspricht. Das ist überhaupt eine der Grundregeln der Psychoanalyse.
Zu Herrn F. habe ich gesagt: ›Sie wollen sich immer wieder vergewissern, ob Sie aussprechen dürfen und ob das richtig ist, was Sie sagen möchten – was fällt Ihnen dazu ein?‹ Er äußerte etwa: ›Ich habe früher immer meine

Mutter gefragt, und ich habe stets versucht, ihr jeden Wunsch von den Augen abzulesen. Das haben meine Geschwister nicht so gemacht. Und da habe ich bemerkt, daß meine Mutter die Geschwister kürzer gehalten hat als mich.‹
Herr F. erinnert sich also an eine Situation der eigenen Unfreiheit, die ihm aber auch Vorteile einbrachte. Die Vorteile sind freilich gering, verglichen mit der Beschränkung, der er sich unterworfen hat. Genau betrachtet, verbirgt sich dahinter die Angst, Liebe und Gunst der Mutter zu verlieren und dann ›verhungern‹ zu müssen.

Und Sie versuchen nun, ihm klarzumachen, daß hier eine der Wurzeln liegt, die zu seinen Magenbeschwerden geführt hat?

SCHWIDDER: Ja. Die eigentliche Behandlung beginnt erst jetzt. Herr F. muß sich mit seinem Innenleben, an dem der Arzt von nun an teilnimmt, beschäftigen. Dabei ist wichtig, was der Patient heute und gestern erlebt hat, was ihm gerade durch den Kopf geht, was aus der Vergangenheit kommt und was er für Zukunftserwartungen hat.

Der Laie will das ganz genau wissen: Sie haben also einen Pakt, eine Art Arbeitsbündnis, mit dem Patienten geschlossen. Sie als Therapeut kennen seine Krankengeschichte, die Befunde der Ärzte, bei denen er bisher in Behandlung war, und Sie kennen seine persönlichen Verhältnisse. Sie sitzen nun in Ihrem Sessel, und hier, zwei Meter entfernt, liegt der Patient auf der Couch. Nehmen Sie jetzt eine passive, eine abwartende Haltung ein, indem Sie ihn einfach reden lassen?

SCHWIDDER: Es gehört zur Grundregel des Arbeitsbündnisses, daß der Patient die Behandlungsstunde gestaltet. Er wird also nicht angeregt, sondern das Material, das er bringt, wird gemeinsam bearbeitet. Nehmen wir einmal an, er schweigt einfach. Dann wäre Verschiedenes möglich. Dem einen Patienten kann es helfen, daß der Analytiker auch schweigt. Dem anderen wird er vielleicht Hilfe durch Aussprachen geben. Das kommt ganz darauf an, in welcher Verfassung sich der Patient befindet.

Was machen Sie jetzt mit Herrn F., der hier vor Ihnen liegt und vielleicht als einzige Darbietung in der ersten Stunde sagt: Verdammt noch mal, ich habe schon wieder Sodbrennen!

SCHWIDDER: Wenn er das sagt, wäre es eine sehr günstige Gelegenheit, auf sein begleitendes Erleben einzugehen. Er offenbart damit, daß er unter dem Druck steht, er müsse jetzt etwas produzieren, weil ich es von ihm erwarte. Da hätte man einen Anhaltspunkt, ihm zu sagen: Mir fällt auf, daß Sie in der Situation, in der Sie glauben, etwas geben zu müssen, Sodbrennen haben.

Könnten Sie ihn jetzt zur Schilderung von Parallelsituationen anregen? So kämen Sie doch wohl am ehesten darauf, wann er sonst noch Sodbrennen hat?

SCHWIDDER: In der weiteren Behandlung zeigte sich, daß Herr F. immer wieder unter einer ähnlichen Erwartungsspannung steht. Er glaubt, die anderen wollten fortwährend etwas von ihm. Da ist zum Beispiel die Position in seiner Behörde, auf die er nun zu sprechen kommt. Es sind ihm ein Dutzend Mitarbeiter unterstellt. Er leidet unter der immerwährenden angstvollen Spannung, sie würden ständig etwas von ihm erwarten, sie forderten etwas von ihm.

Ist Herr F., als er Chef wurde, nie auf den Gedanken gekommen, daß er auch mal von seinen Mitarbeitern etwas erwarten könnte?

SCHWIDDER: Eigenartigerweise nicht. Das wurde ihm erst während der Behandlung klar.

Wenn Sie mit Ihrem Patienten soweit sind – wieviel Zeit ist wohl inzwischen vergangen?

SCHWIDDER: Das ist bei den Patienten unterschiedlich. Im allgemeinen kann man die ersten 20 Behandlungsstunden als Vorbereitung ansehen. Wenn es dann gelingt, den Patienten schrittweise von der Angst zu entlasten, tauchen meist bisher unterdrückte, für das Erleben des Patienten aber ganz neue Impulse auf. Bei Herrn F. kam zum Beispiel eine Phase, in der er von Löwen und Tigern träumte, von Raubtieren also. In diesen Träumen kam endlich die aggressive Seite seines Wesens zum Vorschein.

Wenn Sie das ganz klar erkannt haben – werden Sie dann Ihre Behandlung darauf konzentrieren und versuchen, seine verschüttete Durchsetzungskraft wieder freizulegen?

SCHWIDDER: Ja, das wäre das Prinzip einer zielgerichteten Kurztherapie. Wir haben in der Klinik oft nur begrenzte Zeit zur Verfügung. Der Patient selbst steht meist unter Zeitdruck. Dann versuchen wir, in 20 bis 30 Stunden uns nur ganz bestimmte Probleme vorzunehmen.

Waren nach einer solchen Kurztherapie bei Herrn F. die Magenbeschwerden verschwunden?

SCHWIDDER: Die chronische Erkrankung, also die ständig wiederkehrenden Magengeschwüre, die heftigen Krankheitsphasen mit Arbeitsunfähigkeit, war behoben. Eine gewisse akute Anfälligkeit für belastende Situationen, auf die Herr F. noch mit Magenbeschwerden reagiert, ist geblieben.

Sprechhemmung

Die Flucht ins Schweigen

Alarmierende Zeichen einer seelischen Störung treten bei Kindern manchmal erst am Ende einer langen Fehlentwicklung auf. Viele Eltern deuten das Verhalten ihrer Kinder falsch und reagieren mit Strenge. Dann wird alles nur noch schlimmer.

Als die kleine Monika mit einer großen Schultüte im Arm an der Hand ihrer Mutter im Tor steht, wird sie sogleich photographiert, denn sie sieht sehr niedlich aus: weiße Kniestrümpfe, schwarze Lackschuhe, ein schwarzer Plisseerock, eine gestärkte weiße Bluse und zwei rote Schleifen in den blonden Zöpfen – daneben Frau L., die Mutter der sechseinhalbjährigen Monika, mit Stolz in den Augen und einer gewissen Verlegenheit wegen der vielen anderen Eltern.
Herr L., Betriebsleiter in einem Ausbesserungswerk der Bundesbahn, kann an der Einschulung seiner Tochter nicht teilnehmen, aber er wird ja dann die Bilder sehen. Frau L. bestellt bei dem Photographen gleich mehrere Vergrößerungen für die Verwandten, chamois matt.

Hau ab, was willst denn du hier?

Diese Szene sieht man oft auf dem Spielplatz: ein kleines, von der Mutter „fein gemachtes" Mädchen (für wen wohl?) inmitten eines Haufens fröhlicher Kinder. Dieses überängstliche Kind, schon durch seine äußere Erscheinung eine Fremde, hat viel mehr zu leiden, als man sich vorstellen kann. Zu Hause hat es erfahren müssen, daß die Gunst der Familie ihm nicht geschenkt wird, sondern durch Anpassung und Erfolgsstreben erworben werden muß. – Und hier wird es dann einfach beiseite geschoben.

Dem Klassenlehrer fällt nach ein paar Tagen auf, daß Monika besonders schüchtern ist. Er beruhigt Frau L. – sie erkundigt sich schon in der zweiten Woche nach dem Betragen ihrer Tochter – und sagt, Monika werde ihre Schüchternheit sicher bald verlieren; solche Fälle seien häufig.
Doch das Gegenteil ist der Fall. Monika, die anfangs während des Unterrichts nicht laut antworten wollte, stellt das Antworten bald gänzlich ein und flüstert nur noch. Dann verstummt sie gänzlich. Ja, es wird noch schlimmer. Sie spricht außerhalb der Schule nur mit vertrauten Personen, wird immer wortkarger, steht schließlich nur noch den Eltern Rede und Antwort und schweigt bald völlig. Monika ist stumm geworden, obgleich ihre Eltern und ihre Lehrer beobachten, daß sie mitbekommt, was in ihrer Umgebung passiert. Ihre Auffassungsgabe ist in Ordnung, denn ihre schriftlichen Schularbeiten macht sie tadellos.
Prof. Dr. Hedwig Wallis*, Direktorin der psychosomatischen Abteilung der Universitätskinderklinik in Hamburg, sagt dazu:
Monika hatte das Glück, einen verständnisvollen und psychologisch gut geschulten Klassenlehrer zu haben, und das Pech, eine Mutter zu besitzen, der es in erster Linie peinlich gegenüber den Nachbarn war, daß mit ihrer Tochter irgend etwas nicht stimmte. So vergingen einige Monate, bis das kleine Mädchen zu einer Beratungsstelle kam. Viel wußte Frau L. dort nicht über ihre Tochter zu berichten.

---

* *Prof. Dr. Hedwig Wallis*, geb. 1921 in Hamburg. Medizinstudium in Hamburg und Würzburg. Ausbildung als Nervenärztin und Kinderärztin. 1952 Leiterin und später Direktorin der psychosomatischen Abteilung der Universitätskinderklinik Hamburg. 1965 zum Professor ernannt. Wissenschaftliches Hauptarbeitsgebiet: Psychopathologie und psychologische Betreuung von Kindern mit Hormonstörungen.

Monika war immer ein sehr braves, folgsames und liebes Kind. Allerdings sei sie von jeher ein schlechter Esser gewesen und habe häufig unter hartnäckiger Verstopfung gelitten. Frau L. zählt viele Medikamente, Stärkungsmittel und Gesundheitsvorschriften auf, die sie — teils aus eigenem Antrieb, teils auf ärztlichen Rat — bei Monika angewendet hatte.
Da die Familie L. in einer Universitätsstadt wohnte, empfahl die Beratungsstelle, die kleine Monika der psychotherapeutischen Abteilung der Universitätskinderklinik vorzustellen. Für Frau L. eine schwere Entscheidung, denn sie sah bereits voraus, wie sich die Nachbarinnen die Mäuler zerrissen.
Die meisten Menschen glauben, daß bei einem normal veranlagten Kind seelische Störungen nur dann entstehen, wenn schwere schockartige Erlebnisse auf es eingewirkt haben. Oder aber sie meinen, daß Kinder, die seelisch gestört sind, aus Verhältnissen stammen müssen, in denen sie vernachlässigt wurden. So ist es verständlich, daß viele Eltern, die ein geordnetes Familienleben führen und viel Sorgfalt auf die Pflege und Erziehung ihrer Kinder verwenden, tief getroffen sind, wenn ein Arzt bei ihrem Kind seelische Störungen vermutet.

Zu solcher Betroffenheit liegt aber kein Grund vor, denn nicht Fehler und schweres Versagen der Eltern sind in der Regel für seelische Störungen bei Kindern verantwortlich. Vielmehr gibt es in den meisten Fällen einfach ein Mißverhältnis zwischen den erzieherischen Forderungen der Eltern, ihren Vorstellungen, was ›gut und richtig‹ für das Kind sei, und den Wünschen und Bedürfnissen des Kindes selbst, die in seiner Natur und seinem Alter begründet sind. Besteht dieses Mißverhältnis jahrelang, wird das Kind also gewissermaßen ›wider seine Natur‹ erzogen, dann kann es zu einer seelischen Fehlentwicklung kommen. Es genügt hier manchmal eine relativ geringfügige Belastung, um plötzlich ein Symptom abnormen Verhaltens hervorzurufen, das den Eltern unerklärlich ist und das von den Ärzten als ›neurotisch‹ bezeichnet wird. Solche Belastungen können zum Beispiel Geburt eines Geschwisterkindes, Einschulung, Umzug, Umschulung oder Krankheit eines Elternteils sein.

In unserem Fall war das Mädchen Monika nach mehreren verunglückten Schwangerschaften der Mutter das erste lebend geborene Kind.

Monikas Mutter war auf Grund einer problematischen Kindheit eine etwas ängstliche, selbstunsichere und pedantische Frau. Sie hatte ihren Vater früh verloren und lange unter der Fuchtel einer sehr autoritären Mutter gelebt. Man kann sich denken, daß sie nach den mißglückten Schwangerschaften um die Gesundheit ihres ersten Kindes besonders besorgt war.

Sie neigte dazu, gesundheitliche und hygienische Fragen, wie ausreichenden Schlaf, regelmäßigen Stuhlgang, gute Ernährung, peinliche Sauberkeit und Pünktlichkeit in den Mittelpunkt ihrer Bemühungen um das Kind zu stellen.

Dabei ging sie nach starren, schematischen Regeln vor, wie es Menschen leicht tun, die aus Unsicherheit ihrer eigenen Beobachtung nicht trauen, sondern sich lieber an feste Vorschriften und Regeln halten.

Diese Besorgnis nahm die Form liebevoller Tyrannei an, die das Kind, wie die Psychotherapeuten sagen, extrem einengte. Herumtoben, sich schmutzig machen dürfen, nicht immer pünktlich auf die Minute zu einer umständlichen Verrichtung gezwungen werden, diese Bedürfnisse hat jedes Kind, auch Monika. Ein starkes Reglement erstickt aber die Äußerung solcher Bedürfnisse. Monika wurde gehemmt und hatte keine Möglichkeit, sich gegen die tyrannische mütterliche Liebe anders als mit passi-

vem Widerstand zu wehren: Sie aß nicht und hielt den Stuhlgang zurück.
In diesem Stadium hätte wahrscheinlich der Zusammenhang zwischen mütterlicher Ängstlichkeit und kindlicher Störung noch ziemlich leicht behandelt werden können. Dies wurde aber versäumt, weil der Arzt die psychologischen Zusammenhänge nicht erkannte. So kam es, daß für Monika, die nie gelernt hatte, spontan reagieren zu dürfen, die Einschulung eine Belastungssituation darstellte, der sie nicht gewachsen war. Die Notwendigkeit, sich in einer Gruppe von Gleichaltrigen selbständig behaupten zu müssen, war für sie schon eine Überforderung. Wieder zog sie sich in passiven Widerstand zurück, indem sie nach und nach das Sprechen einstellte, bis eine totale Sprachhemmung, ein sogenannter ›Mutismus‹, eingetreten war.

Frau Professor Wallis, müssen alle Eltern, deren Kinder sich in der Schule ähnlich verhalten wie Monika, nun erschreckt fragen: Um Himmels willen, was haben wir falsch gemacht?

• WALLIS: Nein. Wenn elterliches Verhalten sich auf die Entwicklung von Kindern ungünstig auswirkt, kann man nicht einfach sagen, hier sei etwas falsch gemacht worden, und man kann nicht nach ›Fehlern‹ und ›Schuldigen‹ suchen. Die meisten Eltern sind bemüht, ihre Kinder nach bestem Wissen und Gewissen aufzuziehen. Ihre Vorstellung von dem, was gut und richtig ist, und die Art und Weise, wie sie diese Vorstellungen verwirklichen, werden aber in viel stärkerem Maße, als sie selbst erkennen können, von Erlebnissen und Erfahrungen beeinflußt, die sie in ihrer Kindheit gemacht haben. Daher kann es vorkommen, daß ihre Erziehungsvorstellungen und -haltungen den Bedürfnissen ihrer Kinder nicht angemessen sind.

Um bei dem Beispiel Monika zu bleiben: Die Mutter hat ihre eigene Mutter als streng erlebt und wollte keineswegs eine strenge Mutter sein. Sie hat aber ihre Autoritätsabhängigkeit nicht verloren. Daher setzte sie jetzt Regeln, die sie für unumstößlich hielt, weil sie der Gesundheit des Kindes dienen sollten, mit der gleichen Unnachsichtigkeit durch, mit der ihre Mutter erzieherische Gebote und Verbote durchgesetzt hatte.

Kann es noch andere Gründe geben, die ein Kind – wie Monika – in dieses Schweigen hineintreiben?

WALLIS: Es gibt viele Gründe. Zum Beispiel können Schreckreaktionen zum plötzlichen Verstummen führen. Das ist aber sehr selten. Man hat auch beobachtet, daß Kinder, die in stark dialektgebundenen Gegenden aufwachsen und plötzlich gezwungen sind, Hochdeutsch zu sprechen, dann das Sprechen einstellen.

Monika hatte das Glück, einen verständnisvollen Lehrer zu haben. Andere Kinder haben dieses Glück nicht; ihnen wird gedroht: Wir werden dir deine Verstocktheit schon austreiben! Was würde dann geschehen?

WALLIS: Das Kind würde, je härter man es anfaßt, desto hartnäckiger in sein Schweigen flüchten, so daß es in diesem Fall tatsächlich der Stärkere wäre.

Monika ist ein schlechter Esser, und mit der Verdauung klappt es nicht. Vielen Kindern geht es so. Muß man deshalb gleich an eine Neurose denken?

WALLIS: Nein, sicher nicht. Eßstörungen und Verstopfungen bei Kleinkindern sind ein relativ häufiges Symptom und oft ein Ausdruck verstärkten Trotzverhaltens. Meiner Ansicht nach genügt es in den meisten Fällen, wenn ein Kinderarzt, der von diesen Dingen etwas versteht, die Mutter berät; das heißt also, daß er der Mutter zum

Beispiel sagt: Lassen Sie Ihr Kind ruhig mal nach seinem Bedürfnis essen, zwingen Sie ihm nicht dauernd die Mahlzeiten auf. Es ist auch gar nicht so tragisch, wenn ein Kind nicht täglich Stuhlgang hat. Man macht dann mal einen Einlauf. Auf keinen Fall sollte man das Kind dauernd auf den Topf setzen oder es mit Zäpfchen, Abführmitteln und so weiter traktieren, um einen regelmäßigen Stuhlgang zu erzwingen.

Sie sagen, Monika ist gewissermaßen gegen ihre Natur erzogen worden. Woher wissen Sie, worin die wahre Natur eines Kindes besteht?

WALLIS: Auf Grund wissenschaftlicher Erfahrungen, die sich auf Beobachtungen und Untersuchungen vielfältiger Art stützen, wissen wir gut, daß Kinder in verschiedenen Entwicklungsphasen unterschiedlich akzentuierte Bedürfnisse haben. Der Säugling und das junge Kleinkind zum Beispiel sind in erster Linie abhängig von unmittelbarer Nähe, Zuwendung und Zärtlichkeit der Mutter, von der Verläßlichkeit, mit der sie ihr Kind betreut, seinen Hunger stillt, Wärme spendet, Schmerzen lindert. Das ältere Kleinkind strebt schon nach mehr Selbständigkeit. Es will sich bewegen und tummeln, Erfahrungen sammeln, seinen eigenen Willen üben, kleine Verrichtungen selbst ausführen lernen. Diese Bedürfnisse muß es ausspielen und sich auch einmal austoben dürfen.

Wie ist es möglich, daß schon geringe Belastungen bei einem seelisch gesund erscheinenden Kind plötzlich neurotische Symptome hervorrufen?

WALLIS: Eine geringfügige Belastung kann niemals zu einer Neurose führen, wenn nicht schon vorher eine gewisse Fehlentwicklung vorhanden war. Daher ist der Zusammenhang zwischen einem bestimmten Erlebnis und dem Auftreten des Symptoms in der Regel nur das

letzte Glied einer langen Kette. Das, was sich vorher abgespielt hat, ist viel entscheidender.
Was sich vorher abgespielt hat – und damit sind wir wieder bei den Eltern –, ist das Ergebnis eines komplizierten Zusammenspiels schicksalsbedingter elterlicher Haltungen, der Gefühlsbeziehungen zwischen Eltern und Kind, der Konstellation, in der eine Familie lebt, der partnerschaftlichen Beziehungen der Eltern und vieler anderer Bedingungen mehr. Sie alle haben ihre Auswirkungen auf die Persönlichkeitsentwicklung eines Kindes, ohne daß man als Vater oder Mutter die Bedeutung der einzelnen Faktoren immer durchschauen kann.

Wie kommen Sie bei einem Kind zu der Diagnose, es sei neurotisch?

WALLIS: Das ist sehr schwierig. Wir können nicht vom Symptom ausgehen. Wir können zwar eine Störung als neurotisches Symptom bezeichnen, aber wie tief die Fehlentwicklung ist, wie massiv die unbewußten Konflikte sind, die das Kind beunruhigen, können wir dem Symptom nicht ansehen. Die Grenzen zwischen ›noch normaler‹ oder bereits ›nicht mehr normaler‹ Reaktion sind fließend, ebenso wie der Übergang zwischen psychisch gesund und psychisch gestört. Es kommt zum Beispiel sehr häufig vor, daß ein Kleinkind wieder einzunässen beginnt, wenn ein Geschwisterchen geboren wird. Das kann eine alterstypische normale Reaktion darauf sein, daß das Kind sich als Kronprinz entthront fühlt, womit es sich erst abfinden muß. In solch einem Fall verliert sich das Symptom schnell wieder.
Es kann aber auch die Folge davon sein, daß ein extrem verwöhntes oder ein extrem vernachlässigtes Kind den neuen Konkurrenten als so bedrohlich erlebt, daß es seine eigene Stellung in der Familie gefährdet sieht. Dann müssen wir mit einer Chronifizierung der Störung rech-

nen. Die Behandlungsbedürftigkeit richtet sich daher einmal danach, wie groß der Leidensdruck des Kindes oder der Familie ist und – soweit wir das mit unseren Methoden feststellen können – ob ein Kind von seinen Konflikten so bedrängt wird, daß ihre Verarbeitung ohne psychotherapeutische Hilfe nicht gelingen kann.

Wie sieht diese Hilfe aus?

WALLIS: Wir haben als wichtigste immer noch die sogenannte Anamnese, die ausführliche Vorgeschichte. Sie betrifft sowohl die körperliche Verfassung und die Entwicklung des Kindes als auch die ganze Lebensgeschichte der Familie. Daraus können wir bereits sehr viele Schlüsse ziehen. Dann gibt es eine zweite Methode, die viel Erfahrung voraussetzt: Wir beobachten das unmittelbare Verhalten des Kindes. Man unterhält sich mit ihm und kann aus seinen Antworten und Handlungen eine ganze Menge entnehmen. Dabei fragt man das Kind nicht etwa direkt nach seinen Schwierigkeiten oder nach seinem Verhältnis zu den Eltern; man darf solche Fragen nur indirekt ansprechen.

Wie alt muß ein Kind sein, damit man so mit ihm umgehen kann?

WALLIS: Das hängt davon ab, wie aufgeweckt und intelligent es ist. Von einem Dreijährigen kann man eine ganze Menge erfahren, wenn man es richtig anfängt. Dann kommen – was in der Kinder- und Jugendpsychiatrie viel wichtiger ist als bei Erwachsenen – die Testverfahren hinzu. Sie geben Aufschluß über die Arbeitshaltung, Intelligenz, die Leistungsfähigkeit und die innere Einstellung zu bestimmten Tätigkeiten. Daneben haben wir die sogenannten projektiven Verfahren. Hier wird versucht, das Kind seine innere Situation darstellen zu lassen. Man läßt es Geschichten zu bestimmten Bildern erzählen, man fordert es auf, mit Spielzeugfiguren bestimmte Szenen zu bauen und sich dazu etwas auszudenken.

Um auf Monika zurückzukommen – warum nimmt sie ausgerechnet Zuflucht zum Schweigen? Könnte sich ihr Protest nicht auch ganz anders äußern?

WALLIS: Es gibt Psychotherapeuten, die bestimmten Symptomen – also beispielsweise dem Schweigen oder dem Asthma oder der Fettsucht – einen ganz bestimmten Symbolwert zuordnen und sagen, diese Störung ist das Signal für diesen oder jenen Konflikt. So weit gehen wir nicht. Wir stellen zwar einen Zusammenhang her zwischen der Situation des Kindes und dem, was es als Symptom bietet, aber wir haben oft keine Erklärung dafür, warum es nun ausgerechnet dieses Symptom ist. Beim Schweigen aber spielt eine Aggressionshemmung immer eine Rolle.

Sie sagen, Monika ist expansiv und aggressiv gehemmt. Aggressiv heißt doch angriffslustig. Sollen Eltern ihre Kinder zu Angriffslust ermuntern oder erziehen?

WALLIS: Aggressiv sein können heißt, daß man seine Wünsche, seine Bedürfnisse und seine Selbständigkeit gegenüber Eingriffen von anderer Seite behaupten kann, und das hat Monika nie gelernt.

Spricht nicht eine tiefe Resignation und Verzweiflung aus einem Kind, wenn es sich in passiven Widerstand flüchtet? Will es damit auf sich aufmerksam machen?

WALLIS: Solche Vorgänge sind nie bewußt gesteuert. Das ist immer ein Fehlschluß, den die Eltern ziehen, wenn man ihnen erklären will: Ihr Kind drückt mit seinem Symptom etwas aus, aber ihm selbst ist es ja gar nicht bewußt. Das Symptom kann auch ein Appell an die Umgebung sein, mit dem das Kind um Hilfe bittet. Es ist aber niemals ein bewußter Appell. Das Kind will nicht auf sich aufmerksam machen. Sein Verhalten zeigt aber, daß es Aufmerksamkeit benötigt.

Monika wird in der Schule stumm. Man sollte doch vermuten, die Abwesenheit der Mutter läßt sie aufleben und verleitet sie zu Übermut und Streichen.

WALLIS: Das kann sie ja nicht mehr, weil sie schon so eingeengt ist, daß sie sich nicht mehr auf diese Weise äußern kann. Außerdem erleben derartig von der Mutter abhängige Kinder die Abwesenheit der Mutter immer auch als beängstigend. Sie sind zwiespältig an die Mutter gebunden. Auf der einen Seite ist für sie dieses Übergewicht der mütterlichen Fürsorge ein Druck, gegen den sie sich unbewußt wehren. Auf der anderen Seite fühlen sie sich ohne die Mutter hilflos.

Man hört oft, daß das Fehlverhalten der Mutter ein Kind schon im ersten Lebensjahr prägt.

WALLIS: Wir müssen doch davon ausgehen, daß glücklicherweise die meisten Kinder nicht neurotisch sind. Was aber Mütter wissen sollten, ist dies: Im ersten Lebensjahr wird das gebildet, was der amerikanische Jugendpsychiater Erikson ›Urvertrauen‹ nennt. Das Kind muß erleben und erfahren, daß man sich auf seine Umgebung verlassen kann. ›Umgebung‹ ist in diesem Alter die Mutter, die da ist, wenn es schreit, die lächelt, wenn sie angelächelt wird, die zu trinken gibt, wenn das Kind Hunger hat, die zärtlich zu ihm ist. Wenn nun Mütter beim Umgang mit so ganz kleinen Kindern nur einem starren Schema folgen, wenn sie ihr Kind füttern, weil der Wecker klingelt, wenn sie es trockenlegen, bloß weil jetzt ›seine Zeit‹ ist, wenn sie es viel allein lassen – wenn sie also oft an den Bedürfnissen des Kindes vorbeihandeln, dann kann es durchaus geschehen, daß das Kind die Umwelt als etwas erleben lernt, was willkürlich mit ihm verfährt. Und dann kann dieses Urvertrauen sich nicht bilden.

Wie haben Sie Monika behandelt?

WALLIS: Die Behandlung eines solchen Kindes kostet sehr viel Zeit, und man muß verschiedene Methoden ausprobieren. Da das Kind ja nicht spricht, wählt man Verfahren, in denen es sich anders äußern kann: malen, kneten oder spielen. Man versucht also dem Kind zu helfen, sich mitzuteilen, um dann aus dieser therapeutischen Situation langsam auch Äußerungen durch Sprache zu entwickeln.

Geschieht das in der Klinik?

WALLIS: Ja, wir haben solche Kinder immer stationär aufgenommen. Es kommt nämlich eine Behandlungsphase, in der gerade die therapeutische Kindergruppe sehr hilfreich ist. Man versucht den Übergang zu finden, um auch außerhalb der therapeutischen Einzelsituation langsam wieder zum Sprechen zu kommen. Wir machen es so, daß wir die Kinder zunächst indirekt sich äußern lassen, etwa beim Musizieren in der Gruppe. Dann bekommen sie kleine Soloaufgaben. Das erleben sie dann schon so ähnlich, als ob sie sprechen würden. Sie überwinden ihre Hemmungen.

Bekam Monika auch Medikamente?

WALLIS: Nein, nicht einmal wegen ihrer Verstopfung. Die hörte dann von selbst auf.

Welche Ratschläge geben Sie Müttern, die in einer ähnlichen Lage sind wie Monikas Mutter?

WALLIS: Wir führen sehr intensive Elternberatungen

durch. Es ist erstaunlich, was man damit erreichen kann. Wenn man nämlich Verständnis wecken kann für das, was sich jetzt in dem Kind abspielt, und das, was dahintersteckt, dann vollzieht sich sehr häufig eine Umorientierung bei den Eltern; sie ändern ihre Haltung. Wenn aber eine Frau wie Monikas Mutter selbst neurotisch ist, wenn sie ihre Pedanterie benötigt und benutzt, um sich eine minimale Lebenssicherheit zu erhalten, dann wird eine Beratung nicht ausreichen. Man müßte verlangen – und Monikas Mutter haben wir es dringend empfohlen –, daß eine solche Frau sich in psychotherapeutische Behandlung begibt.

Monika hatte das Glück, an Fachleute in der Großstadt zu geraten. Was ist mit den Monikas, die in der Eifel oder im Bayerischen Wald leben und kaum an eine moderne, wissenschaftlich am neuesten Stand orientierte Klinik herankommen?

WALLIS: Das ist ein ganz trauriges Kapitel. Leider sind in vielen Bundesländern die Möglichkeiten solcher Hilfestellungen viel zu gering. Nordrhein-Westfalen zum Beispiel hat zumindest ein gutausgebautes System in den Erziehungsberatungsstellen. Aber wo es das nicht gibt, muß man damit rechnen, daß Kinder ihre neurotischen Symptome nicht überwinden und bis ins Erwachsenenalter ihre Fehlentwicklung mit sich herumschleppen.
Ich muß allerdings sagen, daß viele sogenannte Kinderfehler, wie Bettnässen, Daumenlutschen oder Eßstörungen, zum Glück von selbst verschwinden. Es ist also nicht so, daß alle Kinder, weil sie nicht zum Doktor können, ewig Bettnässer oder sonst was bleiben müssen. Aber sie leiden erst einmal unter diesen Symptomen und damit an Unsicherheiten und an mangelnden Selbstwertgefühlen. Das brauchte nicht zu sein, wenn man frühzeitig Hilfe anbieten könnte.

Was also raten Sie Eltern, besonders Müttern, die zu dem Schluß kommen: Mein Kind ist doch eigentlich in einer ähnlichen Lage wie die kleine Monika?

WALLIS: In vielen Städten wurden sogenannte Elternschulen eingerichtet. Hier wird ganz simpel über gewisse Gesetzmäßigkeiten der kindlichen Entwicklung und über Techniken informiert, wie man mit Kindern umgehen kann. Und sonst muß man eben versuchen, über seinen Arzt an einen Jugendpsychologen oder an einen Kinderpsychiater zu gelangen.

*

Monika L. geht jetzt übrigens in die zweite Klasse und ist ein ganz ›normales‹ Mädchen. Ein bißchen kokett ist sie und auch etwas anspruchsvoll. Reden kann sie wie die anderen Kinder in ihrer Klasse. Sicherlich hat sie fast vergessen, daß sie eine lange Zeit stumm war. Die Behandlung, mit der sie aus ihrem Schweigen geholt wurde, hat knapp ein Jahr gedauert. Während dieser Zeit war Monika in der Klinik – mit Unterbrechungen, mit Urlaub nach Hause, damit sie sich langsam wieder an das Leben in alltäglicher Umgebung gewöhnte.
Frau L., die Mutter, hat sich insofern geändert, als sie jetzt sehr viel besser ihr Verhalten regulieren und sich auf die Bedürfnisse ihrer Tochter einstellen kann. Im Hause der Familie L. ist es heute keine Katastrophe mehr, wenn Monika nicht immer pünktlich auf die Minute Abendbrot ißt oder wenn sie eine heisere Stimme hat, weil sie beim Herumtoben keinen Schal um den Hals trug.

Unterdrückte Aggressivität

Die Angst vor der eigenen Courage

Einmal im Leben richtig zuschlagen — davon träumen alle, die gehemmt sind. Aber in Wirklichkeit halten sie den Mund und schlucken ihren Ärger 'runter. Dabei werden Durchsetzungskraft und Stehvermögen im Alltag ständig und von jedem gefordert. Bei vielen Menschen ist das Selbstbewußtsein jedoch verkümmert. Sie unterdrücken ihre natürliche Aggression und zahlen ständig drauf, ohne sich dessen bewußt zu sein. Solche psychischen Störungen führen nicht selten zu körperlichen Leiden. Der Psychotherapeut kann hier mit einer speziellen Form der Kurzbehandlung helfen.

Der gelernte Automechaniker Walter M., 32 Jahre alt, verheiratet, zwei Kinder, ist Werkmeister in einer Reparaturwerkstatt für Landmaschinen. Beim Chef der Firma, bei den Kollegen und Mitarbeitern ist er ebenso beliebt wie bei der Kundschaft. Das mag an seinem ruhigen Wesen liegen. Herr M. war bisher niemals ernstlich krank. Da ereignete sich der ›Unfall‹, der dazu geführt hat, daß Walter M. seine Arbeit aufgeben mußte und schließlich sogar erwerbsunfähig geschrieben wurde. Der tüchtige, aufstrebende Werkmeister war auf einmal ein Rentner.

Der ›Unfall‹ sah so aus: Ein alter Kunde, seit mindestens fünf Jahren mit Herrn M. bekannt, hatte ihn in der Werkhalle mit seinem Mercedes-Diesel leicht angefahren – genau gesagt, mit der Stoßstange in die rechte Kniekehle gestoßen. Werkmeister M. bekam einen heftigen Schreck; es verschlug ihm den Atem, und das Herz klopfte ihm bis zum Hals.

Eine Woche nach diesem Zwischenfall mußte sich Herr M. krank schreiben lassen. Dem Arzt schilderte er seine Beschwerden als allgemeine Schlappheit, Schweißausbrüche, Angstgefühle und Herzjagen. Er traue sich nicht mehr, seine Wohnung zu verlassen, weil er fürchte, daß sein Herz stehenbliebe, und dann müsse er tot umfallen.

Der Hausarzt wies Herrn M. zur internistischen Beobachtung ins Kreiskrankenhaus ein; alle Befunde waren normal, auch das EKG gab keinen Hinweis auf eine organische Herzstörung.

Mit einer ›schweren nervösen Erschöpfung‹ – dauernd matt und schlapp, Schwitzen und Herzklopfen bei der geringsten Anstrengung – quälte sich der Werkmeister fast ein Jahr als kranker, zu nichts zu gebrauchender Mann herum. Schließlich sollte er mit der Diagnose ›Herzneurose‹ invalidisiert werden. Man überwies ihn zu einer letzten Untersuchung in die Universitätsklinik der nächsten Großstadt.

Nach einer gründlichen nervenärztlichen Untersuchung wurde Walter M. dem Psychotherapeuten der Klinik vorgestellt. In seinem ersten Gespräch mit ihm wies der Werkmeister darauf hin, daß der betreffende Kunde, der ihn damals angefahren und das ganze Krankheitsgeschehen in Gang gesetzt habe, ihn schon immer durch seine arrogante und herausfordernde Art geärgert habe. Aber ›bei uns ist der Kunde König‹, und so habe er stets den Mund gehalten und den Ärger in sich hineingefressen.

Der Psychotherapeut wandte eine besondere Methode der Kurzpsychotherapie an, das sogenannte Symboldrama. In Fachkreisen wird diese Methode der Tagtraumtechnik in der Psychotherapie als ›Katathymes Bild-Erleben‹ bezeichnet. Es gelang ihm schon nach 25 Behandlungsstunden, Herrn M. von seinen Leiden zu befreien, so daß er seine Arbeit als Werkmeister wiederaufnehmen konnte. Alle seine körperlichen Beschwerden waren wesentlich gebessert. Von Invalidisierung wurde nicht mehr gesprochen. Überdies fiel dem Chef und den Arbeitskollegen auf, daß Herr M. jetzt anders auftrat als früher: Er war bestimmter, forscher, nicht mehr so still und nachgiebig. Er diskutierte mit Untergebenen nicht mehr über seine Anordnungen, sondern verlangte, daß sie ausgeführt wurden. Schon kurze Zeit, nachdem er seine Arbeit wiederaufgenommen hatte, forderte und erhielt er eine Gehaltserhöhung.

Wie es möglich ist, einen so kranken Mann durch eine Kurzpsychotherapie wieder auf die Beine zu bringen — darüber ein Gespräch mit Professor Dr. Hanscarl Leuner*, dem Leiter der Abteilung für Psychotherapie an der Nervenklinik der Universität Göttingen.

---

* *Prof. Dr. Hanscarl Leuner,* Jahrgang 1919, Psychiater und Psychotherapeut, leitet die psychotherapeutische Abteilung an der Psychiatrischen Klinik der Universität Göttingen. Er ist Vorstandsmitglied und Dozent am Ausbildungszentrum für Psychotherapie in Göttingen und Präsident der Europäischen Gesellschaft für psycholytische Therapie. Leuner wurde bekannt durch seine Bemühungen, tiefenpsychologische Therapien abzukürzen. Schon 1955 begann er seine Versuche, dabei auch Halluzinogene einzusetzen. Er entwikkelte die Tagtraumtechnik als eine in der Praxis leicht anwendbare Kurzpsychotherapie.

Herr Professor Leuner, ein völlig gesunder Mann bekommt einen kräftigen Stoß ans Bein; das verursacht gemeinhin einen blauen Fleck – aber Herzjagen und Angstzustände über ein Jahr bis zur völligen Arbeitsunfähigkeit? Wie ist das zu erklären?

LEUNER: Dieses banale auslösende Ereignis traf im Erleben des Herrn M. einen alten und wunden Punkt. Er war bisher immer rücksichtsvoll gewesen. Er hatte sich vor allem von diesem arrogant auftretenden Kunden eine ganze Menge gefallen lassen und alles heruntergeschluckt. Er war überhaupt immer ein Mensch, der, um des lieben Friedens willen, seinen Mund gehalten hat. Wir sprechen in einem solchen Fall von einer ›übergefügigen Haltung‹. Der Ausdruck, er sei ›an die Wand gedrückt worden‹, den M. benutzte, traf genau das, was er in diesem Moment innerlich erlebt hatte: Jetzt drückt mich der arrogante Kerl an die Wand, und ich kann mich nicht wehren. Er mußte also auch hier, wie schon immer in seinem Leben, etwas einstecken. Und diesmal lief das Faß über. Die gehemmten Durchsetzungskräfte schlugen ins Körperliche zurück.
Man kann diesen eigentümlichen Vorgang, daß der Körper auf angestaute, nicht durch Worte oder Handlungen zum Ausdruck gebrachte Gefühle mit Symptomen reagiert, leicht verstehen. Jeder weiß doch, daß man vor Scham errötet und daß sich vielen Menschen Ärger auf den Magen und die Galle legen kann. Warum das freilich so ist, kann schwer begründet werden. Man muß es als eine Erfahrungstatsache hinnehmen. Dahinter stehen zweifellos gewisse Nervenverbindungen, deren Schaltungen über bestimmte Bereiche des Gehirns laufen.

Wie haben Sie das bei Herrn M. festgestellt?

LEUNER: Durch die Tagtraumtechnik des Symboldramas.

Was verstehen Sie darunter?

LEUNER: In der Psychoanalyse spielt der Traum als Weg zum unbewußten Seelenleben eine ganz zentrale Rolle. Das hat Sigmund Freud entdeckt. Unsere Methode beruht nun darauf, beim Patienten den Traum bereits im Wachzustand hervorzurufen. Das Vorgehen ist sehr einfach: Der Patient liegt wie bei der Psychoanalyse auf der Couch und wird aufgefordert, sich gewisse ›innere Bilder‹ vorzustellen, also etwa das Bild einer Wiese, eines Hauses, eines Weges, der ihn auf einen Berg führt, und anderes mehr. In der tiefentspannten Lage auf der Couch sind das alles nun nicht mehr die realen Dinge, sondern Produkte der ganz persönlichen Phantasie. Diese Bilder drücken in der Art, wie sie erscheinen und geschildert werden, unbewußte Gefühlsmomente und Konflikte aus.

Können Sie ein Beispiel nennen?

LEUNER: Bei einem gesunden, optimistisch eingestellten jungen Mann etwa entsteht vor den geschlossenen Augen eine schöne Sommerwiese mit bunten Blumen. Bei einer glücklich verliebten, jungen Frau zeigen sich beispielsweise auf der Sommerwiese herzförmige Blumen auf Rabatten, die um eine weiße Bank gepflanzt sind. Ein depressiver Patient erlebt sich auf einer morastigen Wiese im herbstlichen Regenwetter, inmitten einer Stacheldrahtumzäunung. Der Berg, um bei unseren Beispielen zu bleiben, kann niedrig und flach erscheinen, was für einen anspruchslosen Menschen spricht, der leicht entmutigt oder bequem ist und sich keine größeren Aufgaben im Leben zumutet. Ein hoher, steiler Berg, bei manchen Neurotikern viele tausend Meter hoch und unbegehbar, spricht für krankhaften, übersteigerten Ehrgeiz. Mit anderen Worten, das vom Arzt angeregte Bilderleben ist ein unmittelbarer Spiegel unbewußter Wünsche und neurotischer Konflikte.

Worin liegt da der Unterschied gegenüber dem nächtlichen Traum, der in der Psychoanalyse eine so große Rolle spielt?

LEUNER: Das Prinzip von Freud, demzufolge der Traum der königliche Weg zum Unbewußten ist, bleibt gewahrt. Im Bilderleben drücken sich jedoch die unbewußten Komplexe weniger verschlüsselt, also klarer und eindeutiger aus als im Nachttraum. Außerdem: Der Patient träumt unter dem Schutz des anwesenden Arztes. Auch ein schwerer Angsttraum, der sonst durch Aufwachen unterbrochen wird, kann nun bis zum bitteren Ende geträumt werden. Der Konflikt wird ausgetragen. Und noch etwas: Der gleiche Tagtraum kann wiederholt werden. Wir haben gelernt, mit dem Traum zu experimentieren.

Und wie haben Sie das bei dem Werkmeister gemacht?

LEUNER: Wir haben Herrn M. auf ein Symbol eingestellt, das charakteristisch ist für das Durchsetzungsvermögen. Wir haben ihn aufgefordert, sich einen Löwen vorzustellen. Sieht der Patient nun einen Löwen, der frei in der Wüste umherläuft, so ist anzunehmen, daß der Betreffende durchaus in der Lage ist, sich im Leben energisch durchzusetzen. Sieht er hingegen einen Löwen, der im Käfig eingesperrt ist, so läßt das den Rückschluß zu, daß der Patient gehemmt und unfähig ist, sich gegen Widrigkeiten zu behaupten. Herr M. sah einen Löwen in Freiheit. Als ich ihn jedoch bat, er möge sich vorstellen, daß der Mann, der ihn angefahren hatte, auf der Szene erscheint, da wurde der Löwe, wie der Patient berichtete, plötzlich ganz zahm. Er schrumpfte zusammen und verwandelte sich in einen kleinen Hund, der zu Füßen des

Werkmeisters kuschte. Diese Schilderung gab uns eine weitere entscheidende Bestätigung des zentralen Problems der psychischen Störung bei Herrn M. Denn die natürliche Reaktion wäre doch gewesen, daß der Löwe beim Zorn des Herrn M. auf den arroganten Kunden zugelaufen wäre, um ihn anzugreifen.

Als Laie steht man dieser Deutung skeptisch gegenüber. Ist das nicht Hokuspokus?

LEUNER: Wir haben diese Methode seit vielen Jahren eingehend untersucht und an Hunderten von Patienten geprüft. Dabei sind wir auf bestimmte allgemein gültige Regeln gestoßen. Sie stammen aber nicht von uns, sondern wir haben – ohne es zu wollen – die Gesetze des Traumes, wie man sie aus der Psychoanalyse her kennt, nachvollzogen.

Läuft der Tagtraum vor den Augen des Patienten auf der Couch wie ein Film ab, zu dem er als Zuschauer seinen Kommentar gibt? Oder ist er selbst der Hauptdarsteller in diesem Film?

LEUNER: Nein, das ist kein Film, den man mehr oder weniger unbeteiligt vom bequemen Sessel aus sieht. Der Patient ist selbst in der Situation voll drin. Er erlebt das alles als eine fast reale, andere Welt, in der er selbst mithandelt und auch immer wieder zum Handeln aufgefordert wird. Das hatte nach einiger Zeit der Behandlung zur Folge, daß Herr M. in der Phantasie etwas tat, was er sich in Wirklichkeit kaum zutrauen würde: Er ging auf seinen Chef zu, gab ihm die Hand und fragte ihn nach mehr Geld.
Freud spricht hier vom Probehandeln in der Phantasie. Wir ermöglichen dem Patienten also, hier auf Probe zu handeln, um sich für das reale Leben vorzubereiten.

Sie führen diese Situation durch lenkende Bemerkungen herbei, zum Beispiel die Auseinandersetzung mit seinem Chef?

LEUNER: Wenn wir das an der richtigen Stelle als nötig erachten, können wir das tun, etwa indem wir ihn ermutigen.

Sind die Symbole, die Sie aufgeben, genormte Bilder, mit denen jeder Psychotherapeut arbeiten kann?

LEUNER: Ja, wir haben zehn Standardmotive, mit deren Hilfe wir die typischen Konfliktbereiche anschneiden können.

Und einer davon ist, um wieder auf unseren Werkmeister zu kommen, die eigene Einstellung zur Aggressivität?

LEUNER: Ja. Eine gewisse Portion Durchsetzungsvermögen braucht jeder Mensch, wenn er im Leben bestehen will. Man denkt oft, Aggressivität hieße, mit der Faust auf den Tisch schlagen und Krach machen – das ist nicht gemeint. Sondern das echte Herangehen an eine Sache und sich seinen Anteil nehmen. Herr M. war schon immer ein recht gefügiger Mensch, der seine eigenen Belange schlecht vertreten konnte. Es ging in der Behandlung darum, diese übergefügige Charakterhaltung zu lockern und ihm zu helfen, sich selbst zu behaupten.

Sie sagen, daß Sie 25 Behandlungsstunden brauchten, bis er seine Arbeit wiederaufnehmen konnte. Reichte diese Zeit aus, um Herrn M. die Gründe für sein Fehlverhalten zu zeigen und verständlich zu machen?

LEUNER: Ja. Er war im Grunde ein sehr einfacher, schlichter Mann, der nie gelernt hatte, sich um sein Innenleben zu kümmern. Für solche Menschen ist die Methode besonders geeignet, weil ihnen mit Hilfe dieser Bilder ja ihr Fehlverhalten unmittelbar vor Augen geführt wird. Das Ausmaß der Erkenntnisse über sich selbst, das wir Herrn M. bieten konnten, war natürlich begrenzt. Aber es hat immerhin ausgereicht, daß er einen anderen Stil seines Auftretens entwickelte, daß er sich in seiner Werkstatt besser behaupten, daß er sich seinem Chef gegenüber durchsetzen konnte und nun Forderungen stellte.

Dann besteht Psychotherapie also ganz einfach darin, jemandem zu sagen, was er falsch macht?

LEUNER: Auf eine kurze Formel gebracht, haben Sie vollkommen recht. Nur ist es ja ein Umlernprozeß, den der Patient auf Grund sehr mühsam und langsam gewonnener Einsichten vollziehen muß. Dazu verhilft ihm das Bilderleben besonders schnell – schneller als manche andere Methode der Psychotherapie.

Sind Sie in der Behandlung von Herrn M. auch auf seine Kindheit eingegangen, haben Sie dort Wurzeln für sein Fehlverhalten gefunden?

LEUNER: Es entspricht dem Wesen der Kurztherapie, daß man sich an die aktuellen Konflikte hält und nicht den ganzen Entwicklungshintergrund aufgreift. So war es auch hier. Wir haben ferner seine Einstellung zur Arbeit aufgerollt, wir haben festgestellt, daß Herr M. sich auf der einen Seite übermäßig viel zumutete, viele Überstunden machte, daß dahinter aber auf der anderen Seite seine Erwartung stand, er müsse doch nun endlich einmal belohnt werden.

Herr Professor Leuner, wenn man Ihnen so zuhört, könnte man zu dem Schluß kommen, na ja, das kann auch die Briefkastentante einer Wochenzeitung oder der Pfarrer sagen. Das sind doch ganz allgemeine und ver-

nünftige Ratschläge. Wozu denn noch einen Psychotherapeuten?

LEUNER: Zunächst einmal, weil der Psychotherapeut natürlich die theoretischen Hintergründe und die Zusammenhänge des Antriebserlebens und der Neurosen kennt. Das ist eine sehr diffizile und ausgedehnte Lehre. Zum anderen muß er die subtile Technik beherrschen, um – wie zum Beispiel in unserem Fall – überhaupt die Probleme bloßzulegen und sie dann dem Patienten vor Augen zu führen.

Psychotherapie heißt für den Außenstehenden endlose Behandlungsdauer, viel Geld, viel Aufwand. Viele Menschen, denen psychotherapeutisch zu helfen wäre, schrecken aus diesen Gründen davor zurück. Nun sprechen Sie hier von einer gezielten, überschaubaren Kurzbehandlung. Läuft diese Kurzbehandlung nach ähnlichen Gesetzen ab wie eine große Psychoanalyse?

LEUNER: Im Prinzip ja. Der Unterschied liegt im Folgenden: Der Patient träumt, wie schon gesagt, in Gegenwart und damit auch unter dem Schutz des Therapeuten. Der Therapeut kann dem Patienten in seinem Traum Mut zusprechen, er kann ihm auch gewisse Hilfen geben. Er kann etwa helfen, im Tagtraum neue Erfahrungen zu sammeln, bessere Erfahrungen als in seinem Nachttraum. Insofern tritt der Therapeut etwas mehr aus seiner rein abwartenden Haltung heraus, als es in der Psychoanalyse der Fall ist.
Etwas anderes kommt noch hinzu. Der Therapeut kann mit dieser Methode einen akuten Konflikt sofort auf der Bildebene einstellen, wie etwa das Durchsetzungsproblem bei unserem Werkmeister M. an Hand des Symbols vom Löwen. Damit wird dem Patienten sehr schnell seine neurotische Fehleinstellung vor Augen geführt,

und zwar im wahrsten Sinne des Wortes. Es findet eine Rückkoppelung, ein Feed back, statt: vom unbewußten Konflikt zum imaginierten Bild des Konfliktes, der nun ›betrachtet‹ werden kann, schließlich Rückwirkung auf den Konflikt mit dem freilich unausgesprochenen Hinweis ›So kann das aber wirklich nicht weitergehen‹ und der Erkenntnis: ›Ja, wenn das so ist.‹ Damit beginnt aber schon in der ersten Behandlungsstunde der Prozeß des Umlernens, von dem wir vorher sprachen. Diese Rückkoppelung und dieser Lernprozeß gehen in der psychoanalytischen Technik viel größere Umwege und sind natürlich weitaus zeitraubender, als es hier den Anschein haben mag.

Können Sie noch andere Beispiele für Tagträume anführen? Ich bin sicher, daß weitere Beispiele interessant sind, da sie wahrscheinlich gar nicht selten vorkommen.

LEUNER: Der ganze Tagtraum spielt sich im wesentlichen in der Landschaft ab. Wir haben herausgefunden, daß sich im Laufe einer Behandlung ganz bestimmte Abläufe zeigen. Zum Beispiel sehen zu Beginn der Behandlung die Felder und Wiesen frühjahrsmäßig aus. Wenn wir die Behandlung fortsetzen, ändert sich die Landschaft allmählich bis zur sommerlichen Reife der Felder, ohne daß wir das direkt angesprochen hätten.

Sie arbeiten also in den weiteren Stunden mit dem gleichen Landschaftsbild?

LEUNER: Ja. Wir können auf die alten Bilder zurückgreifen. Wir können Patienten immer wieder auf den gleichen Berg führen, von dem er schon in den ersten Stunden einen Rundblick hatte. Und jetzt sehen wir, wie diese Landschaft sich verwandelt. Berge, die den Blick zunächst versperrten, weichen zurück, werden niedriger.

Während vorher vielleicht überall nur Wald war, kommen nun Straßen hinzu, Menschen auf den Feldern, Dörfer tauchen auf, eine Stadt entsteht in der Nähe, also geschäftiges Leben an einer Stelle, wo vorher alles verdeckt und undurchsichtig war.

Das ist also für den Therapeuten eine Kontrolle des Behandlungserfolges?

LEUNER: Ja.

Was sah der Tagträumer Herr M. in der letzten, also der 25. Behandlungsstunde? Was war also, konkret gesprochen, der Erfolg der Therapie?

LEUNER: Herr M. hatte jetzt von seinem imaginären Berg einen Rundblick in eine weite Landschaft. Vorher war der Ausblick durch Bäume und Felsen versperrt. Nun konnte er einen Strom bis hinunter zum Meer verfolgen. Er konnte in seiner Phantasie wieder in der Werkstatt arbeiten, während er vorher bei solchen Probearbeiten stets versagt hatte. So konnte ich ihm auf Grund dieser, von ihm geschilderten Bilder sagen: Jetzt wäre es an der Zeit zu versuchen, die Arbeit wirklich wiederaufzunehmen.

Der Zufall könnte wollen, daß wieder mal ein Kunde, der in der Werkstatt König ist, Herrn M. aus Versehen mit dem Auto anfährt. Wie würde sich Werkmeister M. wohl dann verhalten?

LEUNER: Nun, er würde zunächst einmal die Sache nicht mehr so tragisch nehmen, nicht als einen gegen ihn persönlich gerichteten Angriff. Er wird sich vielleicht Luft machen und sagen: Na, hören Sie mal, das ist ja ein dicker Hund, was Sie hier machen! Er wird sich also realistisch einstellen und sich sofort wehren können.

Depression

Bis an die Seele bewaffnet

Etwa eine Million Menschen in der Bundesrepublik leiden unter Depressionen, einer der qualvollsten Krankheiten, die die Medizin kennt. Psychiater und Nervenärzte können seit 1957 mit Medikamenten, den Psychopharmaka, in den Ablauf des Leidens steuernd eingreifen. Dabei stellt sich zwangsläufig die Frage, ob unser gesamtes Seelenleben eines Tages von Medikamenten beeinflußt sein wird. Werden wir uns mit einem Schutzwall von Arzneien umgeben – gegen Langeweile, Traurigkeit, Unlust, Feigheit, schlechte Laune?

Der 47jährige Lehrer Kurt B. kommt Mitte April 1969 mit seiner Frau in die psychiatrische Klinik und bittet um Aufnahme. Er sei am Ende, er wisse nicht mehr, wie es weitergehen solle. Abgesehen von diesen verzweifelt vorgebrachten Bemerkungen gibt er kaum Antworten auf die an ihn gerichteten Fragen. Er überläßt das Gespräch weitgehend seiner Frau.
Frau B. berichtet, ihr Mann habe in den letzten Tagen

davon gesprochen, daß ein Weiterleben doch wohl sinnlos sei. Auch hier mischt sich Herr B. nicht ins Gespräch. Er blickt nur hilflos und mit einer um Entschuldigung bittenden Gebärde zu seiner Frau hinüber. Der Vorschlag, daß Herr B. gleich in der Klinik bleiben solle, wird von beiden — offensichtlich sogar mit einem Gefühl der Erleichterung — akzeptiert.

Herr B. ist als Lehrer an einer Grundschule tätig. Bis vor fünf Jahren, sagt seine Frau, sei er immer gesund gewesen. Damals habe er sich für längere Zeit nach einer banalen Erkältungskrankheit nicht erholen können, danach seien Herzschmerzen aufgetreten. Deswegen sei er damals in den Sommerferien nicht — wie sonst in jedem Jahr — mit seiner Frau und seinen beiden zwölf- und vierzehnjährigen Töchtern an die See gereist. Seine Frau und er seien auf Rat von Bekannten in einen kleinen Kurort im Schwarzwald gefahren. Dort sei es ihm — trotz kurärztlicher Behandlung — noch schlechter gegangen. Erst als er nach den Sommerferien wieder im Schuldienst tätig war, habe er sich einigermaßen erholt. Aber auch das hatte nicht lange vorgehalten. Jetzt fühlt sich Herr B. seit November des vergangenen Jahres nicht mehr voll leistungsfähig. Der Unterricht war für ihn, der mit ›Leib und Seele‹ Lehrer war, zu einer immer größeren Anstrengung, schließlich zur unerträglichen Last geworden. In den Weihnachtsferien hatte er Angst, wenn er daran dachte, bald wieder vor seiner Klasse stehen zu müssen.

Er schlief schlecht, wachte sehr früh auf und blieb bis zum Aufstehen grübelnd im Bett liegen. Der Appetit ließ nach; innerhalb weniger Wochen nahm er mehrere Kilo ab. Er wurde immer niedergeschlagener und verlor jegliches Selbstvertrauen.

Im Kollegium gab es mit einigen jüngeren Lehrern Auseinandersetzungen um den veralteten, autoritären Unter-

Hilfe durch Tabletten?

Da sitzt er, der Mensch unserer Zeit: Um fit zu sein, umgibt er sich mit einem Schutzwall aus Medikamenten.

richtsstil. Auf einer Elternversammlung waren ihm deswegen Vorwürfe gemacht worden. Sie bedrückten ihn sehr.

Kurz vor den Osterferien hatte Herr B. eine Vertretungsstunde in einer Klasse mit fünfzehnjährigen Jungen und Mädchen geben müssen. Die Klasse war als besonders schwierig bekannt. Mit großer Angst übernahm er diese Geographiestunde – und er erlitt denn auch Schiffbruch: Es kam zu einem Wortwechsel mit einem Schüler, der die Richtigkeit einiger Angaben des Lehrers über Oberitalien anzweifelte. Herr B. mußte zugeben, daß er selbst nie dort war. Als Lachen und Lärmen überhandnahmen, verließ Herr B. die Klasse und informierte seinen Schulleiter. Bis zum Ferienbeginn unterrichtete er dann noch in jüngeren Klassen, doch der Unterricht wurde von Tag zu Tag qualvoller. Er hoffte, sich in den Ferien zu erholen, doch die ersten schulfreien Tage bewirkten das Gegenteil. Er sei inzwischen völlig erledigt, deswegen käme er in die Klinik.

Woher rührt diese Depression – ist sie die Folge von Überbeanspruchung durch den Unterricht oder vielleicht nur eine durchaus verständliche Reaktion auf Mißerfolge?

Der Arzt des Lehrers Kurt B., der Psychiater Professor Dr. Hanns Hippius*, kommt dem Leiden auf die Spur, als

* *Prof. Dr. Hanns Hippius*, Jahrgang 1925, ist Facharzt für Psychiatrie und Neurologie und Chemiker. Er war von 1950 bis 1952 Wissenschaftlicher Assistent am Institut für Experimentelle Therapie ›Emil v. Behring‹ und seit Ende 1952 an der Psychiatrischen und Neurologischen Klinik der Freien Universität Berlin, wo er 1968 ordentlicher Professor und Direktor wurde. Am 1. Januar 1971 Berufung auf den Lehrstuhl für Psychiatrie und zum Direktor der Nervenklinik der Universität München. Arbeitsschwerpunkte: Methodenprobleme psychiatrischer Forschung; Biologische Psychiatrie und Pharmakopsychiatrie. Hippius ist Mitherausgeber der Zeitschrift ›Pharmakopsychiatrie / Neuropsychopharmakologie‹ und der ›Monographienreihe aus dem Gesamtgebiet der Psychiatrie‹.

Herr B. nach wenigen Tagen Aufenthalt in der Klinik sein verzweifeltes Schweigen aufgibt. Herr B. berichtet:
›Nach der Volksschule ging ich drei Jahre in die kaufmännische Lehre und war dann Sachbearbeiter bei einer Versicherung. 1941 holten sie mich zur Wehrmacht, und dann saß ich bis 1946 zwei Jahre als Gefangener in Sibirien. Nachdem ich wieder zu Hause war, fand ich eine Anstellung als Schulhelfer und schaffte die Ausbildung zum Volksschullehrer. Das war nicht einfach, denn ich hatte ja nur eine ›Schmalspur-Ausbildung‹, während meine Kollegen, besonders die jüngeren, fast alle ihr Abitur in der Tasche hatten – auch meine Frau, die ich in dieser Zeit kennenlernte.
Das hat mich immer bedrückt, und obwohl ich, so sagten viele, ein guter Lehrer war, plagten mich Minderwertigkeitskomplexe. Für mich selbst habe ich regelrechte Fortbildungsprogramme entworfen. Doch was hat mir denn das alles genützt? Jetzt zeigt sich doch, daß ich ein Versager bin.
Und dann die Geschichte mit meiner Mutter. Mein Vater ist gestorben, als ich vier war. Sie hat mich allein großgezogen; alles hat sie für mich geopfert, alles. Sie ist reinemachen gegangen, bloß damit wir immer was zu essen und eine warme Stube hatten. Ich hing sehr an ihr, aber das war ja das Furchtbare: Nachdem ich geheiratet hatte, verstanden wir uns nicht mehr. Wir entfremdeten uns, und sie war dann ganz allein. Mehrmals war meine Mutter in Nervenkliniken, weil sie unter Depressionen litt, und vor drei Jahren, als sie 65 war, nahm sie sich das Leben.
Da komme ich nicht drüber hinweg, denn wenn ich mich mehr um sie gekümmert hätte, dann wäre es doch nie dazu gekommen. So aber habe ich schuld an ihrem Tod.‹
In den folgenden Gesprächen macht der Arzt Herrn B.

klar, daß er sich unbegründet mit Selbstvorwürfen quält, denn der Selbstmord der Mutter als Folge schwerer Depression hat nichts mit dem Verhalten des Sohnes zu tun.

Aus dem weiteren Bericht des Lehrers B. geht hervor, daß er selbst mehrwöchige bis mehrmonatige Phasen mit leichter depressiver Verstimmtheit durchgemacht hat. So erinnert er sich, daß er während seiner Lehrerausbildung mehrere Wochen hindurch kaum hatte arbeiten können. Dann ging es plötzlich wieder. Ja, es war dann sogar so, daß es Zeiten gab, in denen er fast ›übermenschlich‹ leistungsfähig war. Alles ging ihm dann leicht von der Hand, neben aller Arbeit fand er Zeit für Hobbys, war ein beliebter Gesellschafter, manchmal geradezu eine Betriebsnudel. Dann war er – sonst sparsam, fast knauserig – so großzügig beim Einkauf von Geschenken und beim Pläneschmieden, daß seine Frau ihn bremsen mußte.

Offenbar hat Kurt B. wie seine Mutter eine endogene, eine von innen kommende Bereitschaft zu Stimmungsschwankungen. Wenn der Arzt zu dieser Diagnose gekommen ist, wenn er davon ausgeht, daß die jetzige Verzweiflung darauf zurückzuführen ist, dann wird der Behandlungsplan aufgestellt. Darin muß man selbstverständlich die lebensgeschichtliche Problematik des Patienten berücksichtigen und im Gespräch, in der Psychotherapie darauf eingehen. Der Therapieplan muß aber auch eine Behandlung mit einem sogenannten Antidepressivum einschließen. Seit 1957 ist die Therapie endogener Depressionen ohne diese modernen Medikamente für die Seele – der Arzt spricht von Psychopharmaka – nicht mehr denkbar.

Kurt B. wurde während einer sechswöchigen Behandlung in der Klinik mit einem solchen Antidepressivum behandelt. Dann waren seine Depressionen überwunden. Seit-

her ist er wieder voll als Lehrer an seiner Schule tätig. Rückblickend erscheint ihm die Zeit von November 1968 bis April 1969 wie ein düsterer Traum.
Da Herr B. eine endogene Depression hatte, die nicht aus einem Konflikt heraus entstanden war, erübrigte sich die große Psychotherapie. Hier konnten Medikamente mehr ausrichten.

Herr Professor Hippius, Sie sagen, der Lehrer Kurt B. hatte eine Depression. Was ist der Unterschied zwischen Depression, Melancholie, Verstimmung und Traurigkeit – oder ist das alles das gleiche?

HIPPIUS: Als Melancholie bezeichneten wir früher Krankheiten, die man heute endogene Depression nennt. Sagt man einfach Depression, so versteht man alles darunter, was mit einer depressiven Verstimmung einhergeht: neurotische Depressionen, depressive Charaktere, Depressionen als Folge körperlicher Störungen oder auch endogene Depressionen.

Noch einmal: Was heißt endogen?

HIPPIUS: Aus innerer Ursache – zumindest anteilig durch Erbfaktoren – entstanden. Man meint damit eine besondere Form der Depression, die auch in körperlichen Störungen ihren Grund hat. Der Fall des Lehrers Kurt B. ist typisch dafür.

Lassen Sie uns bewußt am Schluß anfangen, weil mich diese Frage am meisten beschäftigt: Was tut Herr B. nach seiner Entlassung aus der Klinik? Sie haben ihn mit Medikamenten beruhigt und die Angst von ihm genommen. Besteht nicht die große Gefahr eines Rückschlags, wenn er jetzt wieder im Schuldienst ist?

HIPPIUS: Die Behandlung mit Medikamenten wird nach der Entlassung aus der Klinik fortgeführt. Außerdem bleibt Herr B. in ärztlicher Betreuung. Man behandelt ihn so lange mit dem Antidepressivum weiter, bis die durchschnittliche Dauer einer eigengesetzlich ablaufenden depressiven Phase vorüber ist, rund ein halbes Jahr. Die Dosis wird zwar verringert, muß aber wirksam genug sein.

Die Verordnung geben Sie ihm mit nach Hause?

HIPPIUS: Ja. Und es wird ihm dringend geraten, sich jede Woche bei seinem Arzt vorzustellen. Wenn man aus der Vorgeschichte des Patienten weiß, daß er wiederholt depressive Phasen hatte, dann geht man heute über die Behandlung mit einem reinen Antidepressivum hinaus und verordnet eine vorbeugende Therapie mit einem Lithiumpräparat.

Was ist das?

HIPPIUS: Lithium ist wie Natrium und Kalium ein Alkalimetall. Zur allgemeinen Überraschung hat man in den letzten zehn Jahren festgestellt, daß Salze des Lithiums, langfristig gegeben, den Patienten gegen wiederauftretende Depressionsphasen schützen. Rückfälle werden damit sehr selten. Unter Umständen gelingt es sogar, einen Patienten, der sonst mit Regelmäßigkeit – oft jahreszeitlich gebunden – depressiv wird, über Jahre völlig frei von seinen Symptomen zu halten.

Herr B. hatte nun das Glück, in erfahrene Hände zu geraten, aber das ist doch nicht der normale Fall. Wenn der Patient bei seinem Hausarzt bleibt – was macht der mit ihm?

HIPPIUS: Ich bin der Ansicht, daß sich bei den praktischen Ärzten in den letzten Jahren die Kenntnisse von den Behandlungsmöglichkeiten der Depression mit modernen Psychopharmaka sehr vertieft haben. Wenn also jemand eine Depression hat, dann kann die Behandlung durch den Hausarzt – am besten in Zusammenarbeit mit einem Nervenarzt – so verlaufen wie bei uns in der Klinik.

Herr B. hat zwei Töchter. Muß man befürchten, daß sie die Bereitschaft zur Depression nun ebenfalls in sich tragen? Kann man vorbeugend etwas dagegen tun?

HIPPIUS: Es ist möglich, aber keineswegs sicher, daß die Töchter eine solche Veranlagung haben. Eine vorbeugende Behandlung gibt es nicht.

Woran erkennen Sie eine endogene Depression?

HIPPIUS: Die Diagnose stützt sich auf einige bestimmte Merkmale. Erstens ist oft familiäre Belastung nachzuweisen. Zweitens wird aus der Vorgeschichte erkennbar, daß außer depressiven Phasen auch Zeiten mit ausgesprochen gehobener Stimmung auftreten. Ein solcher Wechsel von manischen und depressiven Phasen ist ein wichtiges Indiz für eine endogene Komponente dieser Depression.

Was bedeutet manisch?

HIPPIUS: Eine manische Stimmung ist gewissermaßen das Gegenstück zur melancholischen Verstimmung. Die Patienten sind dann überaktiv, heiter, besonders redelustig und brauchen kaum Schlaf. Es kann auch zu einem regelrechten Größenwahn mit Verschwendungssucht kommen, so daß die Familie und die ganze Umgebung darunter mehr zu leiden haben als unter der depressiven Phase.

Man hört oft, die Depression sei die qualvollste psychische Krankheit, die es gibt. Antidepressiva haben sich also nun als hochwirksame Mittel erwiesen. Richten sie sich gegen den Kern des Leidens?

HIPPIUS: Diese Frage kann man kaum befriedigend beantworten. Wir kennen nur von sehr wenigen psychischen Krankheiten die Wurzeln. So kennen wir die Ursache bei seelischen Störungen, die körperlich begründbar sind. Ich denke zum Beispiel an solche bei einer Unter- oder Überfunktion der Schilddrüse im Zusammenhang mit einer Infektionskrankheit oder mit einem Stoffwechselleiden. Hier muß die Therapie selbstverständlich auf das Grundleiden gerichtet werden. Wir behandeln also die Schilddrüse, die Stoffwechselstörung und damit auch die psychischen Folgen.
Eine andere große Gruppe seelischer Störungen, deren Wurzeln wir gut kennen, sind die psychogenen Störungen, Neurosen, wie zum Beispiel die Phobien. Diese Krankheitsbilder können mit Psychotherapie behandelt werden. In der Praxis des Hausarztes und überall da, wo kein Psychotherapeut zur Verfügung steht, kann man zur Behandlung psychogener Störungen dann eine andere Gruppe von Psychopharmaka zur Hilfe nehmen, die Tranquilizer. Das sind entspannende, beruhigende und angstlösende Medikamente. Dabei muß sich der behandelnde Arzt im klaren sein, daß in erster Linie Psychotherapie in Frage kommt. Medikamente können bei diesen Patienten nur ein Hilfsmittel sein.

Was würde geschehen, wenn Sie dem Lehrer Kurt B. keine Medikamente mehr geben?

HIPPIUS: Dann könnte passieren – muß aber nicht –, daß sich das ursprüngliche Krankheitsbild wieder zeigt. Deshalb setzen wir die Behandlung mit einer Erhaltungsdosis fort. Bei einer zum chronischen Verlauf neigenden Depression kann die Nachbehandlung zu einer Dauerbehandlung über Jahre werden.

Sie sagten, seit 1957 hat der Psychiater die Antidepressiva als Waffe zur Verfügung. Was hatte er denn vorher?

HIPPIUS: Seit den dreißiger Jahren gab es für die Behandlung schwerer endogener Depressionen die Krampftherapie, die Auslösung von Krämpfen durch Medikamente oder häufiger durch elektrischen Strom. Das ist zwar eine unmenschlich anmutende, aber immer noch sehr wirkungsvolle Behandlung. In Deutschland wird sie kaum noch angewandt. In den USA nimmt die Krampftherapie neben der Behandlung mit Medikamenten aber immer noch einen großen Raum ein.

Eine andere Frage. Wenn man heutzutage zum Arzt geht und über Schlaflosigkeit klagt, bekommt man ein Schlafmittel verschrieben. Klagt man über Kopfschmerzen, kriegt man ein Kopfschmerzmittel; bei Impotenz bekommt man androgene Hormone ... Das läßt sich beliebig weiterführen. Kann sich hinter alledem eine Depression verstecken? Und wie kommt der Arzt dieser Depression auf die Spur? Was kann er also tun, um mehr als das nur übliche zu erreichen? Zeit zu einem ausführlichen Gespräch hat er doch fast nie.

HIPPIUS: Das ist richtig und sehr zu bedauern. Der Arzt muß abwägen, ob einer traurigen Verstimmung eine körperliche Ursache zugrunde liegt. Genauso sollte er bei den von Ihnen genannten Klagen und Beschwerden umgekehrt überlegen, ob sie zur Symptomgruppe einer depressiven Stimmung gehören. Man sollte, so gut es die Zeit in der ärztlichen Sprechstunde erlaubt, überlegen, ob die Wurzeln nicht eben im Psychischen liegen.

Wenn eine schwangere Frau Psychopharmaka einnimmt, kann das Ungeborene darunter leiden? Viele Berichte sprechen doch von solchen Wirkungen.

HIPPIUS: Nach den bisherigen Untersuchungen ist das nicht anzunehmen.

Machen Psychopharmaka süchtig?

HIPPIUS: Man meidet heute den Begriff der Sucht, weil darunter so viel Uneinheitliches verstanden wird. Nach den Empfehlungen der Weltgesundheitsorganisation spricht man von Medikamentenabhängigkeit, die eine psychische und eine körperliche Seite hat. Die Psychopharmaka im engeren Sinne, also die allgemein dämpfenden Mittel, mit denen wir große Psychosen behandeln – die sogenannten Neuroleptika –, und die in unserem Fall wichtigen Antidepressiva, rufen keine Abhängigkeit hervor.

Ab wann kann man eigentlich depressiv werden? Gibt es depressive Säuglinge und Kinder? Oder treten Depressionen erst wesentlich später auf?

HIPPIUS: Allgemein wird angenommen, daß Depressionen erst den reifen Menschen treffen. Der zeitliche Gipfel der Entstehung endogener Depressionen liegt jenseits des 20. Lebensjahres. Die Forschung der letzten Zeit hat allerdings gezeigt, daß Depressionen auch schon früher, selbst bei Kindern und Jugendlichen, auftreten können. Bei etwa 0,5 Prozent der Gesamtbevölkerung muß man mit endogenen Depressionen rechnen.

Man hört oft, daß Mittel, die Angst, Spannung, Erregung und Unruhe dämpfen, viel zu häufig und leichtfertig verschrieben und eingenommen werden. Praktisch habe heute jede zweite Frau in ihrer Handtasche ein Beruhigungsmittel, Männer haben Tranquilizer in der Jackentasche wie Zigaretten. Machen wir uns von solchen Mitteln abhängig?

HIPPIUS: Ja, diese Gefahr besteht durchaus. Ich bin der Ansicht, daß Ärzte beim Verschreiben von Tranquilizern zurückhaltend sein sollten. Es besteht in unserer Gesellschaft eine starke Neigung, Medikamente als Hilfsmittel des täglichen Lebens anzusehen. Wie wird sich die Gesellschaft entwickeln, wenn eines Tages Medikamente in unserem Alltag einen Platz eingenommen haben wie zum Beispiel der Alkohol? Ich halte eine solche Entwicklung für bedenklich, glaube aber, das Problem kommt auf uns zu.

Das hieße doch, daß wir bald imstande wären, aus den verschiedenen Taschen unseres Anzuges jeweils das passende Medikament gegen Traurigkeit, schlechte Laune, Schlappheit, Unlust, Angst, Feigheit oder Aggressivität hervorzuholen. Wir hätten gegen alle negativen Empfindungen eine Pille zur Hand.

HIPPIUS: Dazu wird es wohl nicht kommen. Alle bisher bekannten Mittel haben doch recht allgemeine Wirkungen und sind nicht so gezielt, wie Sie es ausmalen.

Noch einmal zu Herrn B., der wieder in der Schule vor seiner Klasse steht. Es gibt wahrscheinlich Hunderttausende in ähnlicher Lage. Was sollen diese Menschen tun?

HIPPIUS: Sie sollten versuchen, mit ihrem Arzt ein ausführliches Gespräch über ihre Probleme zu führen. Wir wollen überhaupt hoffen, daß die in der Gesellschaft bestehenden Vorurteile gegenüber der Psychiatrie endlich abgebaut werden.

Soll man einem Leidenden, der bisher nichts gegen seine Depressionen unternommen hat, raten, zu einem ihm unbekannten Arzt zu gehen, der das Schild ›Facharzt für Nervenkrankheiten‹ an der Tür hat – oder zu seinem Hausarzt, zu dem er naturgemäß mehr Vertrauen besitzt?

HIPPIUS: Ich finde, beide Wege sind möglich. Es wird oft in kleineren Städten nicht möglich sein, zu einem Nervenarzt zu gehen, weil es dort keinen gibt. Dann ist nur zu hoffen, daß der praktische Arzt erkennt, hier handelt es sich um eine Depression.

Zwangsneurose

Der Zwang zur Zerstörung

In jedem Menschen steckt ein Stück Zwangsneurotiker, aber zum Glück äußert sich der Zwang meist nur als ›dumme Angewohnheit‹. Zwangsneurosen sind schwere seelische Störungen, die oft dramatisch ablaufen und die Betroffenen in tiefe Verzweiflung stürzen, weil ihnen das Unsinnige ihres Tuns immer genau bewußt ist. Wie es zu dieser Krankheit kommt, wird im folgenden Kapitel geschildert.

Frau Petra A., 32 Jahre alt, verheiratet und Mutter eines Sohnes, leidet unter psychischen Störungen, die so eigenartig sind, daß Außenstehende nur noch sagen können: So was gibt es doch nicht. Aber so was gibt es, und gerade die Nervenärzte wissen, daß diese Störungen – es handelt sich um Zwangsneurosen – nicht einmal selten sind.

Die gut angezogene Frau A., die dem Nervenarzt gegenübersitzt, berichtet klar und präzise über sich selbst. Sie wirkt in keiner Weise nervenkrank oder psychisch gestört.

Der Zwang zur Zerstörung

Diese Mutter leidet unter dem Zwang, ihr Kind mit einer Schere zu verletzen. Sie weiß es und kann dennoch nicht dagegen an. Zwang hat nichts mit Wahn zu tun. In jedem Menschen steckt ein Stück Zwangsneurotiker – zum Glück äußert sich der Zwang meist nur als ›dumme Angewohnheit‹.

Die Störungen begannen vor neun Jahren, bei der Geburt ihres Sohnes. Kaum war das Kind auf der Welt, da erschrak Frau A. über das in ihr aufkommende Verlangen, mit einem Messer, einer Schere oder einer Nagelfeile dem Säugling in den kleinen Kopf zu stechen. Kurz nach der Entlassung aus der Klinik konnte sie zu Hause kaum dem Zwang widerstehen, ihr Kind in hohem Bogen über das Geländer der Treppe mehrere Stockwerke hinunterzuwerfen.

Sie war tief beschämt und voller Schuldgefühle, weil sie als junge Mutter danach trachtete, ihrem Kind das Leben zu nehmen. Und sie kämpfte gegen die Angst, sie könne es vielleicht irgendwann einmal tun. Um sich selbst zu helfen, räumte sie alle spitzen und scharfen Gegenstände – vor allem Küchenmesser und Kartoffelschälmesser – aus ihrer Umgebung weg. Immer wenn sie die Angst erneut überfiel, zitterte sie am ganzen Leib.

Etwa fünf Jahre später wollte sie nicht nur ihrem Kind etwas antun, sondern auch sich selbst, um sich zu quälen oder zu verletzen. Einmal hatte sie den Finger in die Nähmaschine gehalten und sich gestochen. Sie hatte den Drang, sich die Augen auszustechen, und sie fühlte sich gezwungen, irgend etwas zu zerbrechen – schon mehr als vierzig Gläser hatte sie kaputtgemacht.

Auf Befragen des Nervenarztes stellt sich heraus, daß die Patientin lange vor der Geburt ihres Kindes bereits andere zwangsneurotische Symptome hatte, so zum Beispiel eine ›Beschmutzungsfurcht‹: Sie hatte Angst vor Schmutz an den Händen und vor Bazillen, die sie auf der Türklinke oder am Handtuch aufgelesen haben könnte. Bald wusch sie ihre Hände bis zu dreißigmal am Tag, schließlich kam sie in eine Phase, in der sie fast den ganzen Tag damit beschäftigt war, sich die Hände zu säubern. Dieser Waschzwang wurde später abgelöst von aggressiven Zwangsimpulsen – Stechen und Zerstören.

Frau A. konnte sehr genau schildern, daß der Zwang, ihr Kind oder sich selbst durch spitze Gegenstände zu verletzen, immer dann besonders stark war, wenn sie eine Auseinandersetzung mit ihrem Ehemann hatte. Sie schilderte ihn als einen einfachen Menschen, der ihr geistig unterlegen ist, wenig intellektuelle Ansprüche hat und zu Hause immer an ihr und ihrer Haushaltsführung herumnörgelt. Er ist jähzornig, beschimpft sie und setzt sie herab. Bis vor kurzem habe sie diese Quälereien wortlos hingenommen. Erst jetzt habe sie gelernt, sich zu wehren, indem sie laut antwortet. Darauf verspürt sie vorübergehend eine gewisse Erleichterung.
Nach ihrer Erziehung befragt, berichtet Frau A., daß der Vater sehr streng und aufbrausend gewesen sei, engstirnig und an Prinzipien hängend. Unter seiner Willkür hatte sie häufig gelitten. Die Mutter sei zwar weicher gewesen, habe sie aber außerordentlich früh zur Pflichterfüllung und zu peinlichster Ordnung erzogen. Sie habe der Mutter für ihre Zuneigung immer etwas bieten, ihr für jede Freundlichkeit immer dankbar sein müssen. Dabei habe sie die besten Zensuren aus der Schule mitgebracht und sei immer ängstlich bemüht gewesen, der Mutter alles recht zu machen.

Ein anderer Fall: Der 32jährige kaufmännische Angestellte Xaver G. kommt in die Sprechstunde des Nervenarztes, weil er seine Arbeit nicht mehr verrichten kann. Seit einigen Monaten steht er, der für die Registratur in seiner Firma verantwortlich ist, unter einem schrecklichen Zwang: Er muß fortwährend seine Ordner daraufhin kontrollieren, ob die Briefe und Vorgänge auch wirklich alphabetisch angeheftet sind.
Auf diese Weise vernachlässigt er seine eigentliche Arbeit, denn trotz größter Anstrengung kann er gegen den Ordnungszwang nicht ankommen. Seinem Vorgesetzten

hat Herr G. das offen gesagt, und der hat sogar Verständnis und sieht die Geschichte als eine Krankheit an. Trotzdem befürchtet Herr G., daß er seine Stellung bald los ist, wenn das noch lange so weitergeht.

Aber das ist noch nicht das Schlimmste. Seit längerer Zeit hat sich auch zu Hause ein ähnlicher Ordnungszwang bemerkbar gemacht. Wenn Xaver G. seinen Kleiderschrank öffnet, muß er alle Bügel daraufhin kontrollieren, ob sie auch genau parallel hängen.

Herr G., ein intelligenter und kultivierter Mann, der korrekt und mit dezentem Geschmack angezogen ist, schildert dem Nervenarzt seinen Zustand mit kühler Präzision. Er versucht nicht, beschämende Details auszulassen oder zu bagatellisieren. Auch er wirkt überhaupt nicht nervenkrank oder psychisch gestört.

Am schlimmsten – so geht aus seiner Erzählung hervor – wird es, als G. mit seiner Familie eine neue Wohnung bezieht. Mindestens zwei Stunden lang ist er abends damit beschäftigt, zu kontrollieren, ob irgendwo die Tapete abgerissen ist, ob die Stuhlbeine beschmutzt sind und ob in den Schubladen alles noch genauso angeordnet ist wie am Vortag. Er kann von dieser Kontrolle nicht ablassen, sonst bekommt er furchtbare Angst und Unruhe. Seine Frau muß ihm helfen und den täglichen Rundgang durch die Wohnung mitmachen, um zu bestätigen, daß alles in Ordnung ist.

Seine Ehe, so berichtet Herr G., hat unter diesem Zustand furchtbar gelitten. Seine Frau weint häufig und hat Angst um die dreijährige Tochter, die das ganze Theater mitbekommt. Es sei ihm daher völlig verständlich, daß seine Frau in letzter Zeit wiederholt von Scheidung gesprochen habe.

Der Nervenarzt Professor Dr. Hanscarl Leuner, Leiter der Abteilung für Psychotherapie an der Nervenklinik der Universität Göttingen, sagt dazu:

So unterschiedlich die Symptome beider Patienten sind – gemeinsam ist ihnen, daß sie intelligent und in ihrer Persönlichkeit, ihrem Auftreten, ihrem Denken und Fühlen sonst ganz normal sind.

Das für Außenstehende so schwer Verständliche an der Zwangsneurose liegt darin, daß ein völlig vernünftiger Mensch von einem Zwang überfallen wird und dann seine sonst intakte Persönlichkeit als fremd und abgespalten erlebt.

Für den Betroffenen stellt diese Zwangsneurose ein schweres Martyrium dar. Man steht oft erschüttert vor dem Schicksal dieser Kranken, die bei klarem Bewußtsein und voller Einsicht in ihrer seelischen und körperlichen Existenz völlig gelähmt sind. Natürlich stellt sich die Frage, worauf dieser rätselhafte und unerbittliche Zwang beruht.

In unserer Gesellschaft hat wohl nahezu jeder etwas vom Zwangsneurotiker in sich. Sauberkeit, Ordnungsliebe und Genauigkeit sind in jeder Hochkultur schon immer sozial wichtige Eigenschaften gewesen. Nicht umsonst erziehen wir unsere Kinder in diese Richtung, denn schon die einfachsten geistigen Leistungen, wie Lesen, Schreiben, Rechnen und der Umgang mit Geld erfordern Genauigkeit.

Nun gibt es aber Menschen, in denen diese Eigenschaften im extremen Maße ausgebildet sind. Fast zwanghaft muß die Hausfrau, die vom ›Putzteufel‹ besessen ist, immer wieder ihre Fußböden schrubben und ihre Küche wienern. Sie kann nicht anders. Man spricht hier von einer Zwangsstruktur des Charakters. Das Gegenstück findet man bei Männern, die mit ihrer Pedanterie ihre Umgebung tyrannisieren.

Diese zwangsstrukturierten Menschen – die beileibe noch keine Zwangsneurose haben – können die hohen Anforderungen sich selbst und ihrer Umwelt gegenüber natürlich nicht dauernd durchhalten. Sie schaffen sich deshalb oft gleichsam Inseln, in denen sie auch einmal unordentlich und unsauber sind und gegen ihre sonstigen Prinzipien verstoßen. Häufig kämpfen sie dabei gleichzeitig gegen ihre Inkonsequenz. Bei einem so extrem zwangsstrukturierten Menschen ist es mitunter nur ein kleiner Schritt zum Ausbruch einer Zwangsneurose.

Was steht nun dahinter? Erzieherische Momente spielen die Hauptrolle. In der Entwicklung des kleinen Kindes gibt es schon sehr früh eine empfindliche Phase. Hier beginnt für das ahnungslose Kind das für sein ganzes späteres Leben entscheidende ›Training‹: die Erziehung zur Sauberkeit im Alter von eineinhalb bis zwei Jahren. In diesem Alter wird nun aber nicht nur ein Stück der natürlichen Lust am Schmutz und Dreck in die Kanäle der Sauberkeitserziehung gezwängt; das gilt auch für andere, zur gleichen Zeit aufschießende Impulse: der zunehmende Drang nach motorischer Betätigung, nach Bewegung und Aktion, wodurch die bis dahin ›lieben Kleinen‹ nun mit einemmal anfangen, ›böse‹ zu werden.

Die Expansivität des Kindes, die es unbedingt braucht, um seine eigenen Kräfte und die Welt zu erleben, werden bei einer prinzipienstarren Erziehung fortgesetzt unterdrückt. Das Kind darf keine spontanen Regungen zeigen und sich in keiner Weise ausleben. Aber selbst die strengste Erziehung kann die natürlichen Regungen nicht völlig unterdrücken. Später drängen die verbotenen, verpönten, als ›schlecht‹ oder ›böse‹ deklarierten Impulse eben doch hervor, und sei es auch nur in der Vorstellung oder in der unbewußten Phantasie.

Das kommt dann für die Betroffenen fast einem Verbrechen gleich. Sie müssen alle ihre Kräfte anstrengen, um den Durchbruch – etwa Gedanken an Schmutz, sei es auch nur im übertragenen Sinne – ungeschehen zu ma-

chen. Aus diesem Ungeschehenmachen erklärt sich ein großer Teil ihres Zwanges.
Ich hatte einmal eine Patientin, deren Symptom dieses Ungeschehenmachen besonders deutlich ausdrückte: Wenn sie einen ›schmutzigen Gedanken‹ hatte, mußte sie stehenbleiben und einen Schritt rückwärts gehen, um die Stelle nun mit einem ›sauberen Gedanken‹ zu passieren. Wenn sie die Zeitung las, und ihr kam dabei ein ›schmutziger Gedanke‹, mußte sie die Seite wieder von vorn zu lesen anfangen, später sogar die ganze Zeitung von vorn beginnen.
Die Zwangshandlung entwickelt sich hier zu einem richtigen Zwangsritual. Das häufige Händewaschen bei Frau A., die Kontrolle der Kleiderbügel bei Herrn G. sind typisch dafür. Zwangshandlungen haben etwas ›Magisches‹ an sich. Das Ritual soll etwas abwenden, ebenso wie das Rückwärtsgehen den ›bösen Gedanken‹. Darin liegt der charakteristische Rückgriff auf eine kindliche Erlebniswelt. Warum aber kann sich der Patient mit dem einmaligen Auslöschen eines Gedankens nicht zufriedengeben, warum muß er sich andauernd die Hände waschen, warum muß er jeden Abend die Wohnung kontrollieren? Der Kranke ist dauernd vom Zweifel befallen, ob das, was er im Zwang kontrolliert hat, auch wirklich sauber und in Ordnung ist. Die hintergründigen unbewußten, von der Natur gegebenen, aber durch Erziehung verpönten Impulse, die er ja gerade mit dem Zwang in Schach halten will – etwa der Zerstörungsdrang, der Drang, mit Schmutz umzugehen –, kommen immer wieder von neuem durch.
Untersuchungen haben ergeben, daß mit der psychoanalytischen Methode nur jeder dritte Zwangsneurotiker erfolgreich behandelt werden kann. Das hat gute Gründe. Trotz des scheinbar quälenden Leidens haben die Patienten paradoxerweise einen gewissen – freilich unbewuß-

ten – Lustgewinn an ihrer Krankheit. Sie erleben nicht nur die Selbstquälerei als lustvoll, sondern verbinden meist damit auch eine gewisse sadistische Machtentfaltung gegenüber ihrer Umwelt. So zwang Herr G. seine Frau, ihm bei seinen abendlichen Kontrollen der Schränke und Schubladen zu helfen.

Herr Professor Leuner, was geschieht, wenn man gegen eine Zwangsneurose nichts unternimmt?

LEUNER: Es kann sein, daß sie von selbst verschwindet. Besonders im fortschreitenden Alter, zwischen 40 und 50 Jahren, läßt die Dynamik des Zwanges nach.

Sie sagten, daß die Psychoanalyse nur in jedem dritten Fall etwas ausrichten könne. Und wie behandelt man die anderen zwei Drittel?

LEUNER: Man kann die psychoanalytische Behandlung durch eine Droge unterstützen. Eines der bekannten Halluzinogene, etwa Psilocybin, wird für diese sogenannte psycholitische Therapie benutzt. Eine neuere internationale Statistik besagt, daß damit bemerkenswerte Erfolge erzielt werden. Sie decken sich mit den Erfahrungen an unserer Göttinger Klinik. In besonders schweren Fällen macht man eine Leukotomie.

Was ist das?

LEUNER: Das ist ein psycho-chirurgischer Eingriff von außen. Bestimmte Nervenkerne und Verbindungsbahnen im Gehirn werden durchtrennt. Das hat zur Folge, daß die Zwangsimpulse nicht mehr von einem in den anderen Teil des Gehirns gelangen. Der Patient denkt zwar noch, er müsse dies oder jenes tun, aber er muß es nicht mehr tun. Allerdings ist bei dieser Methode mit Rückfällen zu rechnen.

Kann man eine Zwangsneurose auch mit Medikamenten behandeln?

LEUNER: Ja. Der Patient bekommt Chlorpromazin oder andere dämpfende Mittel, sogenannte Neuroleptika. Man kann ihn auch über Tage oder Wochen in einen Dämmerschlaf versetzen. Manchmal läßt die Dynamik des Zwanges dann nach. Insgesamt gesehen, sind die Behandlungserfolge bei Zwangsneurosen aber noch nicht befriedigend.

Sie sagen, in jedem Menschen steckt ein Stück Zwangsneurotiker. Kennen Sie auch Formen, die sich harmloser äußern als bei Frau A. und Herrn G.?

LEUNER: Häufig beobachten wir auch Denk-Zwänge. Da muß jemand dauernd an bestimmte Dinge denken, zum Beispiel an die vier Ecken des Zimmers. Oder er muß aus einem Zwang heraus immer gewisse Zahlen abzählen. Anfangs ist das noch nicht krankhaft, aber wenn das überhandnimmt, wenn der Betroffene nur noch seine Zahlen abzählt, dann ist er in seinem ganzen Verhalten genauso gehemmt und gelähmt wie die Hausfrau Petra A. und der Angestellte Xaver G.

Wie soll jemand daraufkommen: Achtung, was ich hier habe, wird wohl eine Zwangsneurose sein?

LEUNER: Zuerst glaubt er, das sei eine dumme Angewohnheit. Er sagt sich, du mußt dich eben beherrschen. Und dann fängt der Kampf schon an. Der Zwang verstärkt sich. Eines Tages bleibt gar nichts anderes übrig, als zum Arzt zu gehen. Unter den Neurosen ist die Zwangsneurose die bekannteste. Auch der praktische Arzt wird gleich erkennen, worum es sich handelt.

Wenn man erfahren hat, zu welchen furchtbaren Formen der Zwang führen kann, will man kaum glauben, daß es sich um normale und – wie Sie sagen – vernünftige und meist sehr intelligente Menschen handelt. Der Zwang ist also eine psychische Störung und keine Geisteskrankheit?

LEUNER: Nein, keine Psychose – das ist der Fachbegriff für Geisteskrankheit –, sondern eine Neurose, eine psychische Störung, hervorgegangen aus seelischer Fehlentwicklung und Konflikten, die weit verdrängt worden sind.

Konnte der Frau A. und dem Herrn G. geholfen werden?

LEUNER: Ja, durch eine ziemlich lange Psychoanalyse, wobei Medikamente – und in einem unserer Fälle das Halluzinogen Psilocylin – zu Hilfe genommen wurden. Unter seiner Wirkung erlebt sich der Patient zum erstenmal voll bewußt in der Rolle des Kindes. Er erkennt, was ihm damals an Drill und an Einschränkungen durch seine Erziehung angetan worden war, und wenn er diese Phase seines Lebens und manches andere noch einmal intensiv durchlebt, kann der neurotische Zwang abfallen.

Mißlungene Ablösung von der Mutter

Die Frau, die immer allein ist

Jeden Tag begehen in der Welt tausend Menschen Selbstmord — vierzig von ihnen in der Bundesrepublik und drei in West-Berlin. Viele Lebensmüde kündigen ihren Freitod an, aber meist werden sie von ihrer Umwelt nicht ernst genommen. Einer der Gründe, sich das Leben zu nehmen, ist die Angst, allein zu sein oder nicht verstanden zu werden. Hinter dieser Angst stehen oft Drepressionen, Neurosen und Konflikte, die der Psychotherapeut aufdecken und behandeln kann.

Am Morgen des 24. Oktober erscheint die 26jährige Charlotte P. nicht an ihrem Arbeitsplatz bei einer Versicherungsgesellschaft. Ihre Abwesenheit wird ohne sonderliches Interesse zur Kenntnis genommen, denn über Fräulein P. ließe sich allenfalls sagen ›Nachteiliges wurde nicht bekannt‹. Sie ist eine Frau ohne Bedeutung, die von ihrer Umgebung mit einer wohlwollenden Gleichgültigkeit zur Kenntnis genommen wird.
Sie trägt immer die gleiche Frisur, im Winter Röcke und

Pullover, im Sommer Blusen. Dabei sieht sie ganz passabel aus, aber sie hat nie auf sich aufmerksam gemacht, durch überdurchschnittliche Leistungen nicht und auch nicht durch die typischen weiblichen Signale, die Männer hätten empfangen können.
Den Kolleginnen war lediglich aufgefallen, daß Fräulein P. manchmal gereizt war. Aus ihren spärlichen Äußerungen war zu entnehmen, daß sie zwar hin und wieder einen Bekannten hatte, daß solche Kontakte aber jedesmal flüchtig und unbefriedigend geblieben waren.
Obwohl also das unentschuldigte Fehlen der Charlotte P. kaum jemanden berührte, machte sich eine Kollegin, die neben ihr arbeitet, am Abend auf den Weg zu ihr. Diese Kollegin sagt später, sie habe das unbestimmte Gefühl gehabt, irgend etwas sei nicht in Ordnung.
Auf ihr Klingeln an der Tür – Fräulein P. hat eine Einzimmerwohnung – öffnet niemand. Die Post liegt im Briefkasten. Aus dem Inneren ist Musik zu hören, immer wieder dieselbe Melodie – eine kaputte Platte, die vergessen wurde abzustellen? Die Kollegin alarmiert die Polizei. Beamte eines Streifenwagens brechen die Tür auf. Charlotte P. liegt bewußtlos auf der Couch, daneben auf dem Tisch zwei leere Tablettenröhrchen, laut Etikett ein schweres Schlafmittel. Schnapsflaschen liegen umgekippt auf der Erde. Der Arzt, der mit dem Rettungswagen eintrifft, stellt nur noch schwache Lebenszeichen fest und beginnt unterwegs zum Krankenhaus mit künstlicher Beatmung.
Charlotte P. verbringt eine unruhige Nacht; sie redet wirr. Am anderen Morgen kommt sie zu sich. Verstört sieht sie sich um und klammert sich an die Schwester, eine ältere, begütigend wirkende Frau. Dem jungen Stationsarzt begegnet sie mit unverhohlener Abneigung. Die körperliche Routineuntersuchung erbringt, abgesehen von den Vergiftungssymptomen, keine auffälligen

Rettung nach langem Zureden

Die junge Frau wollte vom Sims des Park Royal Hotels in London springen. Polizei und Feuerwehr gelang es, sie von ihrem Vorhaben abzubringen und über die Leiter zurückzuholen.

Ergebnisse. Aber noch will man sie nicht entlassen. Wer weiß, ob sie seelisch schon über den Berg ist? Ob sie nicht bald den Selbstmordversuch wiederholt? So wird Charlotte P. vorsorglich noch dem Psychiater des Krankenhauses vorgestellt, einer Ärztin.

Zu dieser Frau faßt Charlotte Vertrauen. Sie spürt, daß jemand an ihrem Bett sitzt, der nicht Schlagworte parat hat, wie ›schwache Nerven‹ und ›aber, aber, Kindchen, wer wird denn gleich so was machen‹. Charlotte hat nicht das Gefühl, sich aus Scham über die verlorengegangene Selbstkontrolle verschließen zu müssen – im Gegenteil, es drängt sie auf einmal, sich mitzuteilen. Bisher hatte sie niemanden gekannt, der gewillt war, ihr mit Anteilnahme richtig zuzuhören. Sie berichtet, daß wenige Tage vor dem Selbstmordversuch die Freundschaft mit einem Mann, der ihr viel bedeutet hatte, in die Brüche gegangen war. Dieser Mann habe ihr gesagt, so, wie sie es anstelle, werde sie nie einen Mann glücklich machen. Die Scheu und die Hemmungen, über die ihr Freund sich beklagte, seien nichts weiter gewesen als ihre Weigerung, mit ihm zu schlafen. Sie sei noch nie mit einem Mann im Bett gewesen. Ihre Erkenntnis, daß die Reaktion des Mannes auf ihr Verhalten verständlich sei, habe sie wie ein Schock getroffen. Auf einmal sei das Gefühl, schon lange irgendwie schiefzuliegen, übermächtig geworden.

Die Ärztin will mehr aus Charlottes Leben erfahren: Sie wurde in Schlesien geboren und war zwei Jahre alt, als ihr Vater im Krieg fiel. Sie erinnert sich kaum an ihn. Geschwister hat sie nicht. Nach der Flucht arbeitete die Mutter in einer Konservenfabrik. Sie und Charlotte waren unzertrennlich. Mit dem Lohn der Mutter und ihrer Witwenrente kamen sie gerade zurecht. Die Mutter ließ die Tochter spüren, daß sie ihr ein und alles war; sie gehörte zu jenen Müttern, die niemanden an ihr Kind heranlassen aus Angst, jemand könne es ihr wegnehmen. Das Mädchen hatte kaum Spielgefährten. Immer wieder versicherte ihm die Mutter, daß sie selbst ihre beste Freundin sei. Gelegentlich machte sie abfällige Bemerkungen über ›die Männer‹.

Als Charlotte elf Jahre alt war, tauchte zu Hause bei der Mutter ein Mann auf, der dann regelmäßig wiederkam und ihr kleine Geschenke mitbrachte. Im Grunde hätte sie den Mann lieber nicht bei ihrer Mutter gesehen. Als er schließlich öfter auch über Nacht blieb und sie aus dem Schlafzimmer ausquartiert wurde, entstand Abneigung und Wut auf ihn. Die Beziehungen zwischen den drei Personen wurden noch komplizierter, als Charlotte sich mit zunehmendem Alter körperlich entwickelte. Der Mann fing an, ihr Komplimente zu machen und mit ihr zu flirten. Sie wußte nicht recht, ob er es im Spaß oder Ernst meinte. Jedenfalls irritierte es sie, weil sie noch nie von einem Mann in dieser Weise beachtet worden war und weil sie selbst Gefühle der Zuneigung empfand, die ihr letztlich jedoch nur Angst machten.

Eines Tages, kurz vor ihrem 18. Geburtstag – die Mutter war abwesend –, versuchte der Mann, sie zu umarmen und zu küssen. Er berührte ihre Brüste. Sie war erregt und entsetzt zugleich, wehrte ihn ab, traute sich aber nicht, es der Mutter zu sagen. Doch die schien etwas davon zu ahnen. Sie war jetzt häufig gereizt und spitz zu ihr und kritisierte sie, was sie früher nie getan hatte. Offensichtlich war die Mutter eifersüchtig.

Von da an kam der Mann nicht mehr. Die beiden Frauen waren auf einmal nicht mehr ›die besten Freundinnen‹. Charlotte fand eine Lehrstelle in der Kreisstadt und siedelte bald dorthin über. Sie besuchte die Mutter zunächst an den Wochenenden. Aber als sie in eine mehrere hundert Kilometer entfernte Großstadt zog und ihre Stellung bei der Versicherung antrat, riß der Kontakt zu ihrer

Mutter völlig ab. Auf deren Wunsch, gemeinsam in Urlaub zu fahren, ging sie nicht ein.
Nachdem die Ärztin bis hierher zugehört hat, ist ihr klar, daß Charlotte P. eine umfassende Behandlung braucht, wenn ihr wirklich geholfen werden soll. Mit beruhigenden Medikamenten kann man sie bestenfalls über den Schock hinwegbringen, ohne an die Wurzel ihrer Störungen heranzukommen. Die Ärztin rät Charlotte deshalb, sich in psychotherapeutische Behandlung zu begeben.
Mit diesem Rat kann sie zunächst wenig anfangen, denn sie hatte ihre Schwierigkeiten nicht als eine Krankheit angesehen. Sie war immer der Meinung, jeder Mensch habe schließlich seine Probleme, und mit denen müsse er sich herumschlagen. Und ein Psychotherapeut – ja, sie hatte davon gehört, aber das hieße doch, sie sei nicht normal. Und was werden ihre Kolleginnen sagen, wenn sie davon erfahren?
Doch die Ärztin erklärt ihr, daß es nicht nur körperliche, sondern auch seelische Krankheiten gebe – wie bei ihr –, und daß ein Psychotherapeut hier helfen könne. Durch Vermittlung der Ärztin kommt die Behandlung zustande. Charlotte P. legt sich dreimal in der Woche auf die Couch des Psychotherapeuten. Die Kosten dafür übernimmt die Allgemeine Ortskrankenkasse.
Der Berliner Nervenarzt und Psychotherapeut Dr. Gerhard Hoffmann* sagt zu diesem Fall:
Charlotte P. ist mit zwei Schwierigkeiten in ihrem Leben nicht fertig geworden: Sie ist als Einzelkind aufgewachsen, und sie hat keinen Vater erlebt. Ein Einzelkind lernt nie so recht, sich mit anderen auseinanderzusetzen. Zu-

---

* *Dr. Gerhard Hoffmann*, Jahrgang 1935, Facharzt für Nerven- und Gemütsleiden, ist als Psychiater und Psychotherapeut in Berlin tätig. Sein hauptsächliches Arbeitsgebiet ist die Psychotherapie in der Klinik und die Studentenberatung.

nächst fehlt ihm ja nichts; es hat die Eltern für sich allein, und unbewußt erwartet es, daß es immer so bleibt. Wenn es dann in der Schule und im Beruf mit anderen zusammenkommt, fühlt es häufig Unsicherheit und Angst und flüchtet oft zu den Eltern zurück. Das macht die Ablösung von ihnen noch schwerer.

Diese fehlende Gewöhnung an andere Menschen, mit denen man die Liebe und die Zuwendung der Eltern teilen muß, ist bei Charlotte noch verschlimmert worden, weil kein Vater da war. Das scheint zunächst nicht weiter schlimm zu sein, denn in seinem ersten Lebensjahr ist das Kind so ausschließlich auf die Mutter angewiesen, daß andere Menschen, vor allem der Vater, in seinem Leben kaum eine Rolle spielen. Das ändert sich erst später, wenn das Kind seine Umgebung unterscheiden kann. Charlotte ist aus der Beziehung zur Mutter nie herausgekommen; die beiden lebten in einer unzertrennlichen Einheit zusammen. Die Tochter vermißte zunächst nichts, und der Mutter war es recht, da sie ja, als der Vater gefallen war, selbst niemanden hatte.

Als in Charlottes elftem Lebensjahr dieser Mann bei der Mutter erschien, reagierte sie ablehnend. Sie sah in ihm einen Menschen, der ihr etwas von der Liebe der Mutter wegnahm. So ähnlich reagieren Kinder auf Geschwister, die nach ihnen geboren werden. Später, als Charlotte heranreifte, wurde es noch viel komplizierter für sie. Sie spürte unklare Liebesregungen, die sie ängstigten, die sie zu unterdrücken suchte.

Einen Partner zu finden ist für eine junge Frau schwieriger als für einen jungen Mann, denn für den Knaben ist die Mutter das erste Liebesobjekt. Wenn der junge Mann dann später die Mutter durch eine Frau seines Alters ersetzt, bleibt seine Liebe weiterhin auf das gleiche Geschlecht gerichtet.

Beim Mädchen ist das aber schwieriger. Auch für das

Mädchen ist die Mutter das erste Liebesobjekt. Doch das Mädchen soll später seine Liebe auf einen Menschen des anderen Geschlechts richten. Charlotte war genau in dieser Situation. Sie hatte nie gelernt, ihre Liebesregungen auf einen anderen Menschen als die Mutter zu konzentrieren. Das wäre möglich gewesen, wenn sie ihren Vater erlebt hätte.

So aber hatte sie eine Reihe von Gründen, den Freund der Mutter abzulehnen: Sie konnte ihm nicht verzeihen, daß er ihr zum Teil die Mutter weggenommen hatte. Und sie konnte andererseits die Mutter, die ihr ein und alles war, nicht mit ihm betrügen; denn sie hätte ja damit rechnen müssen, sie dadurch völlig und für immer zu verlieren. Schließlich hatte sie vor dem Mann schlechthin als einem ihr fremden und unheimlichen Wesen Angst.

Wenn die Rede von Frauen ist, die nicht zu einem Mann gefunden haben, hört man oft, es hänge mit früheren Enttäuschungen zusammen. Das muß nicht immer stimmen. Bei Frauen wie Charlotte P. muß nämlich die allererste Beziehung zu einem Mann allein schon deswegen schiefgehen, weil sie ihm von vornherein nicht so viel entgegenbringen können, wie für eine enge Beziehung nötig wäre. Die Anhänglichkeit an die Eltern, besonders an die Mutter, ist einfach zu stark. Manchmal ist es auch der Vater, von dem die Ablösung nicht gelingt. Die Liebe ist auf dem langen und komplizierten Weg von der Mutter über den Vater bis zum Mann der gleichen Generation sozusagen unterwegs hängengeblieben.

Es kommt noch etwas Wichtiges hinzu: Keine Neurose entsteht ohne gewollte oder ungewollte Mitwirkung nahestehender Menschen. Meist ist diese Mitbeteiligung dem betreffenden Angehörigen nicht bewußt, und unter Umständen gelingt es ihm auch, diese Mitbeteiligung, ebenfalls auf unbewußtem Weg, so zu tarnen, daß sie

auch dem schließlich krank werdenden Familienmitglied nicht bewußt wird.
Die Mutter von Charlotte P. war nach dem Tod des Vaters ganz allein mit ihr. Sie klammerte sich an die Tochter, als ob ihr diese soviel Halt und Sicherheit geben könnte wie ein erwachsener Mensch. Nicht nur die Tochter brauchte – aus natürlichen Gründen – die Mutter, die Mutter brauchte auch, um über den Verlust des Vaters und ihre Einsamkeit hinwegzukommen, die Tochter. Die Mutter begründete vor sich und anderen ihre Haltung gegenüber der Tochter als intensive mütterliche Sorge. Wäre ihr bewußt geworden, wozu sie die Tochter mißbrauchte, hätte sie sich schuldig fühlen müssen. Die Tochter wiederum spürte, wie wichtig sie selbst für die Mutter war: sie fühlte sich ihr verpflichtet und bemühte sich, für das seelische Wohlbefinden der Mutter zu sorgen, soweit es in ihren Kräften stand.
Um so verwirrter war sie, als in ihrem elften Lebensjahr der Mann bei der Mutter auftauchte. Unausgesprochen fragte sie sich: Wozu braucht sie ihn? Sie hat doch mich! Dieses Gefühl der Verpflichtung bestand immer noch, als der Mann in ihrem 18. Lebensjahr – nicht zuletzt aus Gründen, die auch mit ihr zu tun hatten – die Mutter verließ. Sie meinte, nun erst recht wieder für die Mutter dasein zu müssen. Um so größer waren ihre Schuldgefühle, als sie schließlich selbst die Mutter verließ, weil sie im Zusammenleben mit ihr keine Entwicklungsmöglichkeiten sah und sozusagen innerlich zu ersticken drohte.
Das Grundproblem war Charlotte natürlich nicht bewußt. Sie ahnte es vielleicht dumpf. Aus dieser Ahnung heraus trennte sie sich von der Mutter und brach den Kontakt mit ihr allmählich ganz ab in der Vorstellung, eine radikale äußere Trennung müsse auch eine innere Loslösung zur Folge haben. Sie wurde aber dennoch nicht

frei für andere Menschen. Sie konnte zwar ihren Lebensunterhalt selbst verdienen und kam auch mit den anderen äußeren Anforderungen ihres Lebens zurecht. Aber sie war sowohl mit ihrer Angst vor dem Kontakt mit anderen Menschen als auch mit ihren Schuldgefühlen wegen des Verlassens der Mutter belastet.
Das Schwierige ist nun, daß die fortbestehende Bindung an die Mutter oft auch eine psychotherapeutische Behandlung vereitelt. Denn um in diese Behandlung zu kommen, muß man Kontakt zu einem fremden Menschen aufnehmen. Charlotte hat zwar in ihrem Büro Ansätze gemacht, sich bei älteren Kolleginnen auszusprechen, dabei kam aber nie etwas heraus, weil man ihr nur gut zuredete, ihr immer wieder nur Ratschläge gab, mit denen sie nichts anfangen konnte. Sie neigte dann dazu, das Gespräch abzubrechen, wenn es etwas tiefer ging.
Sie suchte krampfhaft nach einem Ausweg, nahm immer häufiger Beruhigungs- und Schlaftabletten und trank Alkohol. Schließlich kam es zu dem Selbstmordversuch.
Ein solcher Schritt ist immer als Appell an die Umgebung, als Hilferuf zu verstehen. Oft wird dieser Hilferuf nicht verstanden, und dann folgt ein Selbstmordversuch dem anderen. Wer von einer Selbstmorddrohung hört, muß sie in jedem Fall und immer ernst nehmen. Es stimmt nämlich nicht, daß einer, der davon spricht, es doch nicht tun werde. Aus einer amerikanischen Untersuchung geht hervor, daß von 100 Selbstmördern 69 vorher über ihre Absicht gesprochen haben.
Charlotte hatte Glück, daß ihr Hilferuf verstanden wurde. Die Behandlung kann nur Erfolg haben, wenn die Patientin im Verlauf der analytischen Gespräche alle ihre Schwierigkeiten greifbar wiedererlebt, indem sie alle Konflikte, die sie mit den wichtigsten Personen in ihrem Leben hatte, auf den Therapeuten überträgt. Unter Über-

tragung versteht man, daß der Patient einen anderen Menschen so behandelt und sich gefühlsmäßig so auf ihn einstellt wie auf denjenigen, der früher in seinem Leben eine große Rolle gespielt hat. Bei Charlotte P. war es so, daß sie den Therapeuten einmal als ihre Mutter, die sie im Stich lassen könnte, dann als den Freund der Mutter, der ihr die Mutter wegnehmen könnte, schließlich auch als den Mann erlebte, der mit ihr ein Liebesverhältnis anfangen könnte.

Das alles war ihr natürlich zunächst nicht bewußt. Es war Aufgabe des Therapeuten, ihr klarzumachen, daß sie Gefühle auf ihn übertrug und von welcher Art diese Gefühle im einzelnen waren. Für die Patientin waren diese Gefühle genauso wirklich wie jene Empfindungen, die früher ihrer Mutter und dem Mann gegolten hatten. Der Therapeut zeigte ihr, daß sie alle Konflikte, die sie früher nicht hatte lösen können, nun in der Behandlung wiedererlebte. Er half ihr, diese Konflikte bewußt zu machen und eine Lösung dafür zu finden.

Es kostet viel Zeit, bis diese Gefühle in der Behandlung voll und ganz hervortreten und bis sich der Patient erlaubt, diese Gefühle auch zu äußern. Es sträubt sich ja etwas in jedem Menschen, Gefühle zur Kenntnis zu nehmen, die einem unangenehm sind. Es ist viel seelische Arbeit notwendig, bis dieser Widerstand nach und nach überwunden ist. Dabei kommt es, wie kaum sonst in einer ärztlichen Behandlung, auf die Bereitschaft und die Mitarbeit des Patienten an.

Die psychotherapeutische Behandlung hat bei Charlotte P. etwa zwei Jahre gedauert. Charlotte ist seitdem freier und gelöster. Sie ist eine Verbindung eingegangen, die sich als dauerhaft und beglückend für sie und ihren Partner erwiesen hat. Charlotte arbeitet wieder in ihrer alten Umgebung und wird in diesem Sommer heiraten.

Schreib-Lese-Schwäche

Angst vor der Deutschstunde

Vier unter hundert Kindern müssen sich gefallen lassen, von Eltern und Lehrern hart angefaßt, vielleicht sogar bestraft zu werden, weil man sie für unaufmerksam, dumm und fahrig hält. Dahinter steckt aber eine schwere Störung, die durch Konzentration, Disziplin oder Aufmerksamkeit nicht zu beheben ist. Man spricht von Legasthenie, einer angeborenen Lese- und Rechtschreibeschwäche. Legastheniker sind nicht fähig, aus Buchstaben Worte zu bilden oder Worte in Buchstaben zu zerlegen. Dabei ist ihre Intelligenz völlig normal, ihre Sinnesfunktionen sind nicht beeinträchtigt. Leider ist sogar vielen Lehrern und nahezu allen Eltern dieses Leiden unbekannt. Wer das folgende Kapitel liest, wird eine Vorstellung haben, wie es zur Legasthenie kommt, wie sie erkannt und behandelt wird.

›Kopfschmerzen und Einschlafstörungen‹, hieß es auf dem Überweisungsschein, den der Hausarzt den Eltern des neunjährigen Helmut D. in die Hand drückte und ihnen vorschlug, mit ihrem Sohn einen Kinderpsychiater

aufzusuchen, da er meinte, der Junge sei bei diesem besser aufgehoben.
Die Eltern hatten zunächst den Hausarzt um Rat gefragt, nachdem Helmut fast täglich am Nachmittag, oft aber auch schon morgens über Kopfschmerzen geklagt hatte. So ging das nun schon beinahe zwei Jahre lang. Abends lag Helmut lange wach und wälzte sich unruhig im Bett, ehe er Schlaf fand. Es war dem Hausarzt aufgefallen, daß die Kopfschmerzen niemals in den Ferien, immer nur während der Schulzeit auftraten. Die Symptome schienen also auf Schulschwierigkeiten hinzudeuten.
›Er hat auch Konzentrationsstörungen‹, berichtet die Mutter, als sich nun der Kinderpsychiater nach weiteren Sorgen erkundigt. Wie sich das denn zeige, will der Arzt wissen. Die Antwort der Mutter klingt richtig ärgerlich: ›Er gibt sich bei den Diktaten gar keine Mühe. Die wimmeln von Fehlern. Manchmal kann man überhaupt nicht mehr erkennen, wie das Wort eigentlich heißen sollte. Ich verstehe das nicht. Im Rechnen ist er nämlich ganz gut. Er kann also nicht dumm sein. Auch in den anderen Fächern geht es. Deswegen ist Helmut ja bisher auch immer versetzt worden. Die Lehrerin meint, er hat Angst vor Deutsch. Mein Mann glaubt, es fehle ihm nur an Ehrgeiz, und er hält Helmut immer den Bruder – der wird jetzt elf Jahre alt – als Beispiel vor. Neulich ist mein Mann sehr böse geworden. Da hatte Helmut sein Diktatheft versteckt, um seinem Vater die schlechte Zensur nicht zeigen zu müssen. Jetzt meint mein Mann, aus dem Jungen würde ja doch nichts, und läßt ihn das auch merken. Das ist schlimm für den Jungen. Früher hatte der Vater ihn unter den drei Geschwistern nämlich immer ein bißchen vorgezogen, weil er sich so artig benimmt, aber die Reserviertheit des Vaters bedrückt ihn sehr.‹
Die Mutter beschreibt dann, wie sie mit Helmut stun-

denlang Diktate übt, bis bei beiden die Tränen kommen, weil er auch noch beim zehnten Versuch alte und neue Fehler macht. Für beide ist es eine Quälerei, die dazu noch ohne jeden Erfolg ist.
Tränen treten auch Helmut in die Augen, als er von dem Kinderpsychiater selbst auf seine Angst vor Deutsch angesprochen wird. Der Doktor muß ihm erst beruhigend erklären, daß solche Schwierigkeiten beim Lesen und beim Schreiben gar nicht so ungewöhnlich seien. Erst als Helmut von dem Arzt erfährt, daß der viele Kinder kenne, denen es ebenso ergehe wie ihm, ist er bereit, eine Reihe von Worten vorzulesen und ein kurzes Diktat zu schreiben. Mühselig und stockend liest er ›oder‹, wo ›oben‹ steht, ›deinen‹ statt ›dienen‹, ›Brat‹ statt ›Bart‹.
Helmut wird zu eingehenden Untersuchungen wiederbestellt, um seine Lese- und Rechtschreibfertigkeiten genau zu überprüfen. Mit Hilfe verschiedener Intelligenztests findet man bald heraus, daß Helmut gut durchschnittlich begabt ist. Nur bei einzelnen Aufgaben hat er Schwierigkeiten: Es gelingt ihm nur mit Mühe, Fehler oder Auslassungen auf Bildern zu erkennen, er kann Figuren, sobald sie etwas komplizierter sind, nur schlecht nachzeichnen und einfache Ornamentanfänge nicht in der gleichen Weise fortsetzen. Die von einer Psychologin vorgenommene Untersuchung zeigt aber noch mehr: Angst vor Mißerfolgen, Furcht, die Liebe der Eltern wegen schlechter Leistungen zu verlieren, Hoffnungslosigkeit und Unsicherheit, schließlich den Wunsch, wieder ein kleines Kind zu sein, von dem noch nichts verlangt wird, drücken sich in den Einfällen und Äußerungen des Jungen zu Bildern, kleinen Erzählungen und Spielszenen aus. Immer eindeutiger weisen die Symptome auf eine bestimmte psychische Störung.
Bei der neurologischen Untersuchung fällt auf, daß Helmut Hände und Beine nie vollständig ruhig halten kann.

Daß er ›zappelig‹ sei, hatte die Mutter am Rande erwähnt. Ebenso wie leichte Normabweichungen in der Hirnstromkurve, dem Elektroenzephalogramm (EEG), weisen diese Symptome darauf hin, daß die Funktionen des Nervensystems bei Helmut sich von denen anderer – völlig gesunder Kinder – unterscheiden.

Das trifft nun offenbar auch für die Wahrnehmungsfunktionen des Nervensystems zu. So wie bei den Tests das Erkennen und Wiedergeben von Figuren Schwierigkeiten bereitet, so fällt Helmut, unabhängig von der eigentlichen Begabung, das Unterscheiden, Einprägen, Wiedererkennen und Wiedergeben solch komplizierter Gebilde, wie es Worte nun einmal sind, ungeheuer schwer. Er leidet an einer Legasthenie, einer isolierten Lese- und Rechtschreibeschwäche. Die nur im Zusammenhang mit den Schulanforderungen auftretenden Kopfschmerzen und die Einschlafstörungen des von seinen Schulsorgen bedrückten Jungen sind seine Antwort – eine Antwort, die weniger dem Versagen selbst als dessen Bewertung in der Familie und in der Schule gilt.

Helmuts Behandlung muß deswegen mit einer Entlastung begonnen werden. Den Eltern wird seine Störung erläutert. Die Lehrerin wird informiert und ist bereit, dem Jungen Mißerfolge beim Lesen zu ersparen und seine Diktate unzensiert zu lassen. Die Behandlung wird von einer Psychologin durchgeführt. Helmut kommt anfänglich dreimal, dann zweimal in der Woche zu ihr. Es gelingt ihr, seine Mutlosigkeit und Hoffnungslosigkeit zu überwinden und das nicht einfache Training zu einer gemeinsamen Tätigkeit zu entwickeln, die Helmut sogar Spaß macht. Nach einem Jahr ist er soweit, daß seine Diktate in der Schule nicht viel mehr Fehler haben als die seiner Klassenkameraden.

Hierüber ein Gespräch mit dem Kinderpsychiater Prof. Dr. Friedrich Specht*.

Der Fall Helmut hat uns miterleben lassen, wie es bei einer Legasthenie zugeht. Können Sie die Symptome dieser Störung noch einmal zusammenfassen?

SPECHT: Am häufigsten kommt die sogenannte verbale Legasthenie vor. Dabei unterlaufen den Kindern beim Lesen und bei der Rechtschreibung wesentlich mehr Fehler, als nach ihrer Begabung und der Dauer des bisherigen Leseunterrichts zu erwarten wäre. Wir haben Untersuchungsverfahren – Lesetests, Schreibtests –, mit deren Hilfe die Fehlerhäufigkeit und beim Lesen auch die benötigte Zeit mit objektiven Maßstäben verglichen werden können. Kurze Worte werden oft noch richtig wiedererkannt, längere Worte können nicht sicher von anderen Worten unterschieden werden. Sie werden stokkend, vorflüsternd zusammenbuchstabiert, wobei Buchstabenumstellungen das Wort entweder sinnlos verdrehen oder zum Erraten verleiten.
Anfangs werden nur sich ähnelnde Buchstaben, wie b–d, p–q oder ie und ei, miteinander verwechselt. Meistens kann richtig abgeschrieben werden. Bei Diktaten jedoch treten ähnliche Umstellungen und Auslassungen wie beim Lesen auf – manchmal bis zur völligen Unkenntlichkeit des Wortes. All diese Auffälligkeiten kommen in den unterschiedlichsten Schweregraden vor.

---

* *Prof. Dr. Friedrich Specht*, Jahrgang 1924, ist Facharzt für Neurologie und Psychiatrie, für Kinderheilkunde und für Kinder- und Jugendpsychiatrie. Seit 1950 Tätigkeit an der Göttinger Universitätsnervenklinik; dort Aufbau einer kinder- und jugendpsychiatrischen Arbeitsbereiches. 1970 Ernennung zum Professor und Abteilungsvorsteher.
Forschungsgebiete: autistische Syndrome im Kindesalter, Dissozialität im Jugendalter.

Sind Legastheniker auch häufig sprachgestört?

SPECHT: Die Gliederungs- und Differenzierungsschwäche, die den Legastheniker beim Lesen und beim Schreiben im optischen Wahrnehmungsbereich beeinträchtigt, erstreckt sich nicht selten auch auf den akustischen. Dann werden trotz eines intakten Hörvermögens Worte gelegentlich nicht genau verstanden. Manchmal unterlaufen auch bei der Aussprache ähnliche Fehler wie beim Lesen und beim Schreiben. Man erfährt dann häufig, daß die Kinder verspätet sprechen gelernt und lange undeutlich gesprochen haben.

Wie verhalten sich denn legasthenische Kinder beim Rechnen?

SPECHT: Isolierte Lese-Rechtschreib-Schwäche bedeutet, daß sonst keine Begabungsmängel vorliegen. Bei einem von der Lesefähigkeit unabhängigen Intelligenztest kann man zumindest durchschnittliche Leistungen nachweisen. Deswegen sind im allgemeinen auch die Rechenleistungen legasthenischer Kinder nicht auffällig. Gerade dieser Gegensatz zwischen guten Rechenleistungen und schlechtem Lesen und Schreiben ist ja für die Eltern oft unverständlich und verleitet zu der Annahme, daß sich das Kind beim Lesen und bei den Diktaten bloß nicht genug Mühe gibt.
Wenn ein Kind allerdings infolge seiner Legasthenie dauernd Mißerfolge erlebt, dann kann sein Selbstvertrauen so beeinträchtigt werden oder es kann zu einem derartigen Widerstand gegenüber den Schulanforderungen überhaupt kommen, daß seine Leistungsmöglichkeiten auch in anderen Bereichen, wie etwa beim Rechnen, blockiert werden. Manche legasthenischen Kinder stellen auch die zweistelligen Zahlen so um, wie sie gesprochen werden – also etwa 13 für 31. Sie können sich die opti-

sche Reihenfolge nicht merken. Dadurch kann es natürlich ebenfalls zu Schwierigkeiten beim Rechnen kommen.

Kommt Legasthenie häufig vor?

SPECHT: Die Untersuchungsergebnisse darüber sind unterschiedlich. Diese Unterschiede hängen davon ab, welche Schweregrade der Legasthenie man berücksichtigt. Sucht man nach lese-rechtschreib-schwachen Kindern überhaupt, dann kann man mehr als zehn unter hundert finden. Darunter sind aber auch jene Kinder, bei denen die Begabung im ganzen unter dem Durchschnitt liegt. Hier können auch noch zusätzliche Wahrnehmungsschwächen vorliegen. Außerdem gibt es Kinder, deren Anfangsschwierigkeiten beim Lesen und Schreiben zwar einer Legasthenie ähneln, die aber schon in der zweiten Schulklasse überwunden sind.
Die Zahl der behandlungsbedürftigen Kinder mit einer isolierten Legasthenie liegt zwischen zwei und sechs Prozent. In einer deutschen Großstadt wurden bei Überprüfung der Schüler zunächst aus jeder Klasse etwa drei Kinder als legasthenieverdächtig gemeldet, von denen dann zwei tatsächlich eine Lese-Rechtschreib-Schwäche bei sonst durchschnittlicher Begabung hatten.

Kommt die Legasthenie bei Jungen und Mädchen gleichermaßen vor?

SPECHT: Bei allen Untersuchungen fielen stets mehr Jungen als Legastheniker auf. Das Verhältnis beträgt 60 zu 40 bis 70 zu 30.

Lassen sich von diesem Unterschied her bereits Schlüsse auf die Ursache ziehen, etwa auf eine anlagebedingte Störung?

SPECHT: Wenn sich im Leistungsbereich Unterschiede zwischen den beiden Geschlechtern nachweisen lassen, dann können dabei sehr verschiedenartige Faktoren im Spiel sein. So werden Jungen häufiger als Mädchen einer Sonderschule überwiesen, obwohl nicht zu vermuten ist, daß sie grundsätzlich dümmer sind. Man begegnet Jungen mit anderen Erwartungen, beurteilt ihre Leistungen anders, und sie reagieren auch anders auf Mißerfolge als Mädchen.

An welche Ursachen hat man denn überhaupt bei einer Legasthenie zu denken?

SPECHT: Wenn – bei im ganzen durchschnittlicher Begabung des Kindes – Lese-Rechtschreib-Störungen den Schulerfolg ernsthaft beeinträchtigen, dann ist häufig nicht nur eine einzige Ursache dafür verantwortlich. Meistens treffen verschiedene ungünstige Bedingungen zusammen. Bei der Mehrzahl der Kinder, bei denen wir in unserer kinderpsychiatrischen Sprechstunde eine Legasthenie feststellen, finden wir – wie bei Helmut – Funktionsstörungen des Zentralnervensystems. Sie beruhen auf Erkrankungen, Belastungen, Schädigungen, die sich meist während ganz früher Entwicklungsstadien, womöglich schon vor der Geburt oder im Zusammenhang mit der Geburt, ereignet haben. Bei einem Teil der Kinder ist eine anlagebedingte Schwäche vorhanden. Es finden sich dann Lese-Rechtschreib-Störungen auch bei Eltern, Geschwistern und anderen Verwandten.

Wenn Sie von Störungen in der Funktion des Zentralnervensystems sprechen – meinen Sie damit, daß bestimmte Hirnzellen ausfallen?

SPECHT: Das Lesen einer aus Lautsymbolen zusammengesetzten Schrift setzt das reibungslose Zusammenwirken vieler Hirnzellenkomplexe voraus. Es müssen Wortbilder, also verschiedenartige Buchstabenzusammenstellungen, zuverlässig voneinander unterschieden und gespeichert werden können. Diese gespeicherten Wortbilder sind in einem Vorgang raschen Wiedererkennens miteinander in Zusammenhang zu bringen, und schließlich soll eine Umwandlung in ein gesprochenes Klangbild oder in einen Begriff erfolgen. Man kann sich leicht vorstellen, daß schon kleinste Mängel im Zusammenwirken der hierfür benötigten Nervenzellgruppen diese Vorgänge stören können.

Sie sagten vorhin, daß bei der Legasthenie nicht selten mehrere ungünstige Bedingungen zusammenkommen.

SPECHT: Immer wenn etwas gelernt werden soll, wenn neue Kenntnisse oder Fähigkeiten angeboten werden, hängt der Erfolg von vier wesentlichen Voraussetzungen ab. Erstens: ererbte Bedingungen, wie sie für verschiedenartiges Auffassungstempo, unterschiedliche Aufnahmemöglichkeiten verantwortlich sein können. Zweitens: ungestörtes Zusammenwirken der Hirnzellgruppen, die für den Lernprozeß notwendig sind. Drittens: Art und Ergebnis der Lernvorgänge während der ersten Lebensjahre. Viertens: gegenwärtige Bedingungen des Lernens, wie Methode, Tempo, Einstellung und Bereitschaft des Lernenden, Umgang mit Erfolg und Mißerfolg. Für das Lesen und für die Rechtschreibung heißt das, daß eine anlagebedingte oder erworbene Schwäche der Wahrnehmungsfunktionen des Nervensystems bei solchen Kindern wahrscheinlich eher zu einem schulischen Mißerfolg führt, wenn sie während ihrer Vorschulzeit wenig Möglichkeiten gehabt haben, sich im akustischen, sprachlichen und visuellen Unterscheiden zu üben.

Sie haben eben von ›gegenwärtigen Lernbedingungen‹ gesprochen. Hat für die Entstehung der Legasthenie auch die Ganzheits- oder Ganzwortmethode beim Leseunterricht Bedeutung?

SPECHT: Kinder mit Legasthenien kommen vor, wo der Leseunterricht nach der ›herkömmlichen‹ synthetischen Methode erteilt wird, wie auch dort, wo ganzheitlich-analytisch unterrichtet wird. Bei einzelnen Untersuchungen wurde zwar da, wo ausschließlich nach ganzheitlichen Leselernmethoden unterrichtet wurde, eine etwas höhere Anzahl von legasthenischen Kindern gefunden. Das braucht aber nicht an der Methode an sich zu liegen, sondern kann damit zusammenhängen, daß bei ihrer Anwendung die für ein mit Wahrnehmungsschwächen belastetes Kind wichtigen Stufen zu rasch durchlaufen werden. Ich glaube, daß überhaupt vielen Kindern das Problem Legasthenie erspart werden könnte, wenn sich der gesamte Erstleseunterricht stärker individualisieren ließe.

Könnte man nicht viel erreichen, wenn man die Wahrnehmungsschwäche diagnostiziert, ehe ein Kind überhaupt mit Lesen und Schreiben anfängt?

SPECHT: Wenn man bei einer Störung, die erst durch das Zusammenwirken mehrerer Bedingungen überhaupt Gewicht bekommt, eine Bedingung rechtzeitig erkennt, dann kann man versuchen, die anderen so abzuändern, daß ein behandlungsbedürftiger Zustand vermieden wird. In diesem Sinn bemühen sich Psychologen und Kinderpsychiater auch bei der Legasthenie um eine Frühdiagnose oder – genauer gesagt – Bedingungsdiagnose. Psychologische Tests bei der Untersuchung von Schulanfängern geben zumindest Hinweise darauf, bei welchen Kindern man besonders auf Schwierigkeiten während des Erstleseunterrichts achten muß.

Kann Legasthenie auch Ausdruck einer neurotischen Fehlentwicklung sein?

SPECHT: Es gibt sicherlich Lese-Rechtschreib-Mängel, bei denen es sich allein um einem dem Kinde gar nicht bewußten Protest handelt, der sich gegen die Art und Weise richtet, wie es den Leistungsanforderungen ausgesetzt wird. Man spricht dabei aber nicht von Legasthenie. Man muß daran denken, daß gerade jene Kinder, für deren Legasthenie erworbene Funktionsstörungen des Zentralnervensystems eine wesentliche Rolle spielen, besonders empfindlich gegenüber Mißerfolgen und Einschränkungen sind. Bei ihnen ist es deswegen schon in der Vorschulzeit zu Ansätzen einer neurotischen Fehlentwicklung gekommen. Die Art und Weise, wie es auf die Schwierigkeiten beim Lesenlernen reagiert, wird durch diese vorhergegangene Fehlentwicklung mitbestimmt.

Und wie sehen solche Reaktionen legasthenischer Kinder auf ihr Versagen aus?

SPECHT: Sie hängen vom Ausmaß der Mißerfolgs- und Versagungsempfindlichkeit und von der bisherigen Persönlichkeitsentwicklung ab. Das eine Kind drückt seine Beunruhigung durch Faxen und störendes Verhalten aus; es versucht auf diese Weise zugleich, sein Ansehen in der Gleichaltrigen-Gemeinschaft zu erhalten. Bei anderen überwiegen Resignation und Verzweiflung. Wir kennen Kinder, die in solcher Verzweiflung ernsthafte Versuche unternommen haben, sich das Leben zu nehmen.

Bei allen derartigen Erscheinungen spielt es ja wohl eine Rolle, daß weder das Kind noch die Erwachsenen, mit denen es zu tun hat, sich über die Art der Störung im klaren sind. Ist das nicht ähnlich wie bei einem Farbenblinden, der ja zunächst von seiner Störung auch nichts weiß?

SPECHT: Der Vergleich ist recht treffend. Es bleibt für ein legasthenisches Kind zunächst ein Rätsel, warum seine Mitschüler, denen es sich sonst durchaus nicht unterlegen fühlt, gar keine Schwierigkeiten haben, diese merkwürdigen Gebilde, Worte genannt, immer richtig wiederzuerkennen und auch aus dem Gedächtnis niederzuschreiben.

Und wann werden die Erwachsenen sich über die Hintergründe klar?

SPECHT: Am häufigsten erscheinen Legastheniker am Ende des dritten Schuljahrs in unserer Sprechstunde. Vielfach ist es aber dann nicht die Legasthenie, derentwegen sie vorgestellt werden. Oft geben erst die Reaktionen auf Mißerfolg oder auch die Vermutung, es könne ein allgemeiner Begabungsmangel vorliegen, Anlaß zur Untersuchung.

Wäre es nicht sehr wichtig, diesen Kindern zu helfen, bevor es zu Mißerfolgsreaktionen kommt?

SPECHT: Das wäre zu wünschen. Bei leichten Legasthenien allerdings können Schwierigkeiten dadurch entstehen, daß begabte Kinder mit einem guten Kurzzeitgedächtnis durch Auswendiglernen ganzer Fibelseiten oder durch andere Tricks ihre Störung zudecken können. Das Mißverhältnis zwischen manchmal überdurchschnittlicher Begabung und mühselig zurechtgebastelten Lese- und Diktatleistungen tritt dann oft erst nach dem Übergang auf eine weiterführende Schule zutage, bei einem Lehrerwechsel oder bei einer Fremdsprache.

Es wäre also auch möglich, daß sich ein Legastheniker ohne Behandlung durch seine Schulzeit hindurchhilft?

SPECHT: Bei leichteren Legasthenieformen — ja. Manchen heute Erwachsenen ist ja gar nichts anderes übriggeblieben, als sich unter Enttäuschungen und Blamagen allein zurechtzufinden. Sie versuchen natürlich, alle Situationen zu vermeiden, in denen sie irgend etwas schriftlich von sich geben müssen, da sie das entweder außerordentlich viel Zeit kostet oder bei anderen zu peinlichem Erstaunen führt.

Wie wird eine Legasthenie behandelt?

SPECHT: Das richtet sich nach dem Schweregrad. Für dessen Beurteilung sind dabei nicht nur die Ausfälle beim Lesen und bei der Rechtschreibung maßgebend, sondern ebenso die sekundären Arbeitsstörungen, die für den Erfolg einer Behandlung eine große Rolle spielen. Grundsätzlich gibt es drei Wege: einmal die Anleitung der Eltern, die es ihnen möglich macht, in leichteren Fällen gezielt mit dem Kind zu üben, statt sich stundenlang unter ständigem Ärger vergeblich abzumühen; dann die Gruppenbehandlung entweder neben dem Leseunterricht in der weiterhin besuchten Schulklasse oder an dessen Stelle, und schließlich die Einzelbehandlung, wie sie bei allen ausgeprägteren Legasthenien am ehesten Erfolg verspricht.

Sie meinen also, daß ein legasthenisches Kind, wenn es aufgeklärte, verständnisvolle und geduldige Eltern hat, bereits mit deren Hilfe die Schwierigkeit überwinden kann?

SPECHT: Ja, bei leichten Lese-Rechtschreib-Schwächen müßte das möglich sein. Dabei ist wichtig, daß sich die Eltern darüber klar sind, daß es sich nicht um die Erledigung von aufgegebenen Schularbeiten handelt, sondern um ein geplantes Training, für das es Anleitungsbücher gibt. Viele Eltern werden auch deswegen auf diese Form von Hilfe angewiesen sein, wenn keine Möglichkeit für eine Gruppenbehandlung vorhanden ist und auch eine Einzelbehandlung, etwa wegen der räumlichen Entfernung zum Psychologen, nicht zustande kommt.

Wer sorgt für die Gruppenbehandlung?

SPECHT: Sie kann von Beratungsstellen oder kinderpsychiatrischen Institutionen eingerichtet werden. In erster Linie aber ist dies wohl eine Aufgabe der Schulbehörden. In verschiedenen größeren Städten gibt es bereits Sonderschulen, Sonderkurse und Sondergruppen für legasthenische Kinder. Es hat sich dabei bewährt, nicht mehr als sechs Kinder zu einer Gruppe zusammenzufassen. Nur so ist es möglich, die ja immer auf einem recht verschiedenartigen Zusammentreffen von mehreren Bedingungen beruhende Störung bei jedem einzelnen Kind zu berücksichtigen.
Wo sich eine Einzelbehandlung als notwendig erweist, ist das natürlich nicht mehr Sache der Schulbehörde. Die erheblichen Kosten einer von Psychologen oder Sonderpädagogen durchgeführten Behandlung müssen bei stark ausgeprägter zentralnervöser Funktionsschwäche von der Krankenkasse oder vom Sozialhilfeträger übernommen werden. Wenn man über die Kostenfrage spricht, muß man noch einmal daran erinnern, welch schwerer Schaden der seelischen Gesundheit im Ganzen entstehen kann, wenn einem Kind die notwendige Legasthenie-behandlung versagt bleibt.

Was geschieht bei einer Einzelbehandlung, und wie lange würde sie dauern?

SPECHT: Eine Einzelbehandlung dauert, je nach Schweregrad der Legasthenie, mit zwei bis drei Behandlungsstunden in der Woche mehrere Monate. Das eigentliche Lese- und Rechtschreibtraining setzt sich aus Gliederungsübungen zusammen, die manchmal zunächst mit dem Lesen unmittelbar gar nichts zu tun haben und lediglich die Fähigkeit üben, visuell genau zu unterscheiden und wiederzugeben. Zunächst stehen also die beeinträchtigten Grundfunktionen im Mittelpunkt der Behandlung. Dann kommen systematisches Wortbildtraining und schließlich Regelübungen hinzu. Das Problem der Behandlung liegt in der Bewältigung der sekundären Störungen, also bei der Ermutigung, bei der Vermittlung kleiner Erfolgserlebnisse, beim Abbau der inzwischen entstandenen Widerstände.

Was geschieht mit einem Kind in der Schule, während seine Legasthenie behandelt wird?

SPECHT: Wir informieren stets die Lehrer. Wir teilen ihnen die Untersuchungsergebnisse schriftlich mit und bitten sie darum, dem Kind während des Unterrichts alle Mißerfolgserlebnisse zu ersparen. Das bedeutet, daß Diktate nicht mehr zensiert, Zeugnisnoten in Deutsch nicht erteilt und Blamagen beim Lesen vermieden werden – und auch, daß zugunsten der Legastheniebehandlung andere Schularbeiten zurücktreten sollen.

Werden nach Ihren Erfahrungen legasthenische Kinder von verständnisvollen Lehrern und Schulleitern trotzdem in die nächste Klasse versetzt?

SPECHT: Das ist eigentlich immer der Fall. Nur dann, wenn inzwischen sekundäre Arbeitsstörungen und Leistungshemmungen zu einem Versagen auch in anderen Fächern geführt haben, ist beim gegenwärtigen Schulsystem eine Klassenwiederholung nicht immer zu vermeiden.

Kann man sich eigentlich von einer Behandlung immer einen Erfolg versprechen?

SPECHT: Ob es gelingt und wieweit es gelingt, die Legasthenie auszugleichen, hängt nicht nur von der Art der

Behandlung ab, sondern auch von den Kompensationsmöglichkeiten des Kindes, von seiner allgemeinen Begabung und seinen sonstigen Fähigkeiten.

Es gibt also auch Legasthenien, die sich gar nicht oder nur teilweise beeinflussen lassen?

SPECHT: Bei sehr ausgeprägten Legasthenien muß man sich auch schon mit Teilerfolgen zufriedengeben und damit, daß dem Kind ein überfordernder Leistungsdruck künftig erspart wird. Liegt die allgemeine Begabung unter dem Durchschnitt, dann ist es am besten, wenn eine Sonderschule für Lernbehinderte besucht wird.

Wie gehen Sie als Kinderpsychiater diagnostisch vor, wenn Sie eine Legasthenie vermuten?

SPECHT: Als Kinderpsychiater vertrete ich ja nur eines von mehreren Fächern, die mit der Legasthenie zu tun haben. Sie geht ebenso Pädagogen und Psychologen an und ist, was die praktische Hilfe angeht, ohne Zusammenarbeit der verschiedenen Disziplinen nicht zu lösen. Das wird schon bei den diagnostischen Maßnahmen deutlich. Sie beginnen mit einem eingehenden Elterngespräch und den notwendigen Erkundigungen zur Vorgeschichte. Es wird eine neurologische und auch eine elektroenzephalographische Untersuchung vorgenommen. Vor allen Dingen aber wird von unseren psychologischen Mitarbeiterinnen eine gründliche Intelligenzuntersuchung und, wegen der sekundären Störungen und ihrer Hintergründe, in vielen Fällen auch eine Untersuchung mit projektiven psychologischen Tests durchgeführt.

Wie lange dauert im allgemeinen eine solche Untersuchung, und was ergibt sich bei der neurologischen und hirnelektrischen Untersuchung, wenn es sich tatsächlich um eine Legasthenie handelt?

SPECHT: Die Aufzählung der Untersuchungsverfahren macht klar, daß es sich nicht lediglich um eine einmalige Vorstellung in der Sprechstunde handeln kann, sondern daß sich die Untersuchung meist an verschiedenen Tagen über Stunden hinzieht. Bei der psychologischen Untersuchung haben Arbeitstempo und vorhergegangene entmutigende Erlebnisse Einfluß auf die Dauer.
Bei der neurologischen Untersuchung achten wir auf jene leichten Bewegungsauffälligkeiten, von denen schon bei Helmut die Rede gewesen ist. Von den Laien als Zappeln bezeichnet, handelt es sich dabei doch um motorische Funktionsstörungen im Zentralnervensystem. Sie sind gewissermaßen ein auf gleicher Ursache beruhendes Parallelsymptom der Wahrnehmungsschwächen. Allerdings kann es wegen der fortwährenden Ermahnungen, die solche Kinder ihrer Zappelei wegen zu hören bekommen, zu einer weiteren Belastung neben den legastheniebedingten Mißerfolgserlebnissen kommen.

Was sollen Eltern tun, die durch unser Interview nachdenklich geworden sind und die Vermutung haben, daß ihr Kind legasthenische Störungen hat?

SPECHT: Ich finde, sie sollten zunächst einmal mit dem Lehrer über ihre Vermutung sprechen.

Nehmen wir an, der Lehrer hat erstens noch nie etwas von Legasthenie gehört und hält zweitens das, was die Eltern erzählen, für Mumpitz, für eine Erfindung der Psychiater, und drittens schlägt er ihnen vor, strenger und unnachsichtiger bei den Schularbeiten zu sein.

SPECHT: Es nützt natürlich nicht viel, wenn ich jetzt sage: Das sollte es eigentlich nicht geben. Es gibt jedoch Lehrer, die bislang wenig oder nur Widersprüchliches über diese Störung wissen. Es wird aber dafür gesorgt, daß die

Kenntnisse über Legasthenie unter den Pädagogen immer mehr verbreitet werden.

Was soll aber Frau Huber im Bayerischen Wald tun, wenn sie glaubt, ihr Sohn oder ihre Tochter könne eine Legasthenie haben?

SPECHT: Ich bleibe dabei, daß sie zunächst einmal das Problem mit dem Lehrer oder der Lehrerin bespricht. Vielleicht ergeben sich bei einer leichten Lese-Rechtschreib-Störung dann schon erste Hilfsmöglichkeiten von der Schule her und Hinweise für die Eltern, wie sie selbst ein sinnvolles Training vornehmen können. Geschieht dies rechtzeitig, dann ist ja bei vielen Kindern wirklich schon viel gewonnen. Kommt der Verdacht zu spät oder führen die gemeinsamen Überlegungen zu keinerlei Klarheit, dann muß eine eingehende Untersuchung durchgeführt werden. Dafür stehen Erziehungsberatungsstellen, Beratungsstellen psychologischer Institute, schulpsychologische Dienste oder kinderpsychiatrische Ambulanzen zur Verfügung.

Wer würde die Kosten dafür tragen?

SPECHT: Einige dieser Institutionen arbeiten unentgeltlich, bei anderen ist eine Überweisung vom Kassenarzt nötig.

Opferhaltung

Die Angst, nicht geliebt zu werden

Menschen, die ihren Verzicht auf eigenes Glückserleben immer wieder betonen, die allzu große Opferbereitschaft zeigen, erwarten oft insgeheim, eines Tages dafür Dank zu ernten. Was in solchen Menschen wirklich vorgeht, versucht der Psychotherapeut bloßzulegen und den Betroffenen bewußt zu machen.

Dies ist die Geschichte der 36 Jahre alten Hausfrau Anneliese T., die zum Psychotherapeuten in die Praxis gekommen ist:

›Als ich kurz vor Ostern in einem Warenhaus war, bekam ich plötzlich furchtbare Angst. Mein Herz klopfte wie wild. Ich hätte schreien und wegrennen mögen. Dann wurde mir übel, der kalte Schweiß brach mir aus, meine Knie zitterten. Zum Glück war mein Mann dabei; mit Mühe und Not hat er mich zum Auto bringen und nach Hause fahren können. Seitdem bin ich krank. Ich kann nicht mehr allein aus dem Haus gehen. Auf der Straße muß immer jemand bei mir sein, sonst überfällt mich diese furchtbare Angst. Am besten ist es, wenn

mein Mann mich begleitet. Aber auch dann kann ich in kein Geschäft mehr gehen, weil ich Angst habe.
Mein Arzt hat gesagt, ich müßte unbedingt zum Psychotherapeuten gehen. Doch ich weiß nicht, was ich hier soll.‹
Der Psychotherapeut will wissen, was Frau T. damals habe kaufen wollen, als der erste Angstanfall auftrat.
›Ich erinnere mich noch genau: einen dunkelblauen Anzug für meinen Mann und Stoff für ein Konfirmationskleid für unsere Tochter. Für mich selbst habe ich nichts kaufen wollen. Ich brauche nichts. Die Konfirmation war ein schönes Fest, über zwanzig Gäste, aber natürlich auch anstrengend. Die ganze Arbeit habe ich allein und ohne Hilfe gemacht. Aber das spielt keine Rolle, ich habe es gern getan. So hat unsere Tochter eine schöne Erinnerung für das ganze Leben. Über tausend Mark hat die Konfirmation gekostet. Nein, das tut mir nicht leid. Geld tut mir nur für mich selbst leid. Es fällt mir schon schwer, für mich ein Brathähnchen zu kaufen. Aber so ist meine ganze Lebenseinstellung: erst mein Mann und meine Tochter. Das habe ich wohl von meiner Mutter; die war auch so. Sie konnte wunderbar einteilen und war immer für die Familie da.‹
Der Psychotherapeut bittet Frau T., etwas von ihrem Mann zu erzählen.
›Er ist ruhig und freundlich, ich habe nichts an ihm auszusetzen. Er hat immer gut verdient, ist sehr tüchtig und hat so lange Geld zurückgelegt, bis er ein Haus bauen konnte. Allerdings bin ich nach dem Hausbau eine grüne Witwe geworden. Ich habe meinem Mann nie gesagt, daß ich mich langweile. Hinter seinem Rücken habe ich mir eine Halbtagsstellung besorgt, aber irgendwann mußte ich ihm das natürlich sagen, und dann habe ich auf seinen Wunsch diese Stellung aufgegeben, um wieder ganz für ihn und die Tochter dazusein.

Kurz bevor ich aus der Firma ausschied, passierte da noch so eine Geschichte. Eine Arbeitskollegin, mit der ich mich gut verstanden hatte, wurde krank und starb bald darauf. Ich regte mich besonders auf, weil der Mann dieser Kollegin sich um seine kranke Frau kaum gekümmert hatte, obwohl diese, wie ich weiß, seinetwegen gearbeitet hatte, um die Haushaltskasse aufzufüllen.
Nun bin ich wieder ausschließlich Hausfrau, und wenn ich nicht krank wäre – das mit der Angst ist ja wohl eine Krankheit –, dann hätte ich über nichts zu klagen. Es ist zwar nicht immer alles so, wie ich mir das einmal vorgestellt hatte, aber das ist doch überall so und ganz normal.‹

Der Psychotherapeut Dr. Arnold Theopold* sagt dazu:

Natürlich ist das alles, was Frau T. in diesem Gespräch berichtet, gar nicht so ›normal‹. Darin irrt sie sich gewaltig. Keineswegs gehen alle Frauen gänzlich in der Sorge für ihre Familie und ihre Ehemänner auf. Keineswegs betrachten alle Frauen ihre Eltern und ihre Ehemänner so uneingeschränkt als gut.
Wenn man den Nächsten mehr liebt als sich selbst, dann kann dieses Verhalten auf die Dauer sehr problematisch werden. Die Angehörigen gewöhnen sich nämlich sehr bald daran und leiten daraus einen Anspruch ab. Da Frau Anneliese T. erwachsen ist, macht sich ihre Umgebung kaum Gedanken darüber, wie Frau T. selbst zurechtkommt. Sie empfängt längst nicht soviel, wie sie gibt: Ihre Lebensbilanz gerät immer mehr in die roten Zahlen.

* *Dr. Arnold Theopold*, Jahrgang 1914, betreibt eine psychotherapeutische Praxis in Hamburg. Er war elf Jahre lang Arzt am Zentralinstitut für psychogene Erkrankungen der Allgemeinen Ortskrankenkasse in Berlin. Sein Hauptinteresse gilt der Verknüpfung von Lebensaufbau und Entwicklung der Aggression.

So erklärt sich, daß sie sich furchtbar aufgeregt hat, als der Mann ihrer verstorbenen Kollegin sich nicht um seine kranke Frau gekümmert hat. War sie nicht selbst in einer ähnlichen Lage? Wer kümmerte sich denn um sie – auch nur annähernd so, wie sie sich um ihre Familie bemühte? Sie drängte ihre selbstverständlichen Wünsche immer weiter zurück. Den Versuch, sich außerhalb der Familie durch die Halbtagstätigkeit mehr eigenes Leben zu verschaffen, gab sie auf, um sich erneut der Familie zu opfern. Schließlich hat aber etwas in ihr – gegen ihren bewußten Willen – rebelliert.

Die Situation im Warenhaus, in der die Angstneurose ausgelöst wurde, enthält ihr Leben: kaufen für den Mann und die Tochter, ein Fest vorbereiten – alles für die Familie, nichts für sich selbst. Das kann sie nun nicht mehr ertragen. Zu oft ist sie enttäuscht worden. Zuviel Verzicht zugunsten anderer hat sie sich zugemutet. Sie bricht zusammen. Und was da in Gang gekommen ist, wird sich bei jedem Einkauf wieder melden – ja, schon auf der Straße, an der die Geschäfte liegen, in denen sie doch nur für andere kauft.

In ihrem bewußten Leben hält Frau T. daran fest, daß alles in ihrem Leben ›in Ordnung‹ sei. Sie beteuert sich und anderen, daß sie nicht den geringsten Grund habe, sich zu beklagen. Nur die Angst störe sie, und daran sei sicherlich ihr niedriger Blutdruck schuld.

Herr Doktor Theopold, wir kennen jetzt die Schilderung der Patientin und Ihren Kommentar. Es bleiben für den Laien aber viele Fragen offen. Diese zum Beispiel: Wie ist es möglich, daß ein so banales Ereignis – das Einkaufen in einem Warenhaus – eine Lawine von Angstgefühlen in Frau T. auslösen kann?

THEOPOLD: Der Einkauf im Warenhaus ist hier nur der letzte Tropfen, der das Faß überlaufen läßt. Das wesentliche auslösende Ereignis liegt vorher: der Tod der Arbeitskollegin, deren Mann sich nicht um sie gekümmert hat, obgleich sie doch nur seinetwegen gearbeitet hatte. Frau T. fühlte sich daraufhin dunkel, aber mit Recht, in vergleichbarer Lage, gab sie doch ihres eigenen Mannes wegen gerade in jenem Moment wieder ein Stück Eigenleben auf, ihre interessante Halbtagsarbeit, die sie unter andere Menschen brachte. Sie konnte der Frage nicht mehr ausweichen, was denn ihr Lohn für ihre Dienstwilligkeit sein werde.

Als sie jetzt im Warenhaus ist und den Anzug und den Kleiderstoff für die Tochter kauft, da steht sie wiederum im Dienst der Familie . . .

THEOPOLD: . . . und sie spürt plötzlich, daß etwas Bedrohliches sie von innen anspringt wie ein Tier im Dunkeln. Da ist auf einmal etwas in ihr, was unwiderstehlich etwas Wildes mit ihr machen will. Sie weiß zwar nicht, was, nur daß sie ihm hilflos ausgeliefert ist. Wo soll sie bloß hin, was soll sie bloß machen . . . Und kurz bevor dieses Tier in ihr losging, ist ihr die Erinnerung an das erfolglos im Dienste ihres Mannes verschwendete Opferleben der verstorbenen Kollegin durchs Gemüt gegangen.

Können Sie das noch etwas näher erläutern?

THEOPOLD: Wenn ein Mensch praktisch sein ganzes Leben lang sich in den Dienst anderer stellt, ohne für sich selbst ausreichend zu sorgen, dann kann er immer mehr in Gefahr geraten, an seinem Leben, an seinen wahren Interessen vorbeizuleben. Je länger er das aber tut, desto mehr Angst muß er bekommen, vom rechten Weg für sich selbst abgewichen zu sein und nun in alle Zukunft nur für andere verbraucht zu werden. Und desto mehr muß dann diese Angst in ihm beherrschend werden. Passiert nun in seinem näheren Lebenskreis etwas, das zu dieser Problematik paßt, dann steigt unter dem starken Druck eines solchen Ereignisses die Angst derartig an, daß sie explosiv das Bewußtsein überschwemmt. Und zusammen mit der Angst kommt dann auch alles andere hoch: Enttäuschung, Protest und wieder vage Angst, sich zu vergessen und etwas zu tun, was nicht wiedergutgemacht werden könnte. Manche Kranken befürchten dann geradezu, ›verrückt‹ zu werden ...

... und zuzuschlagen?

THEOPOLD: Bewußt wird ihnen nicht, daß es sie mehr als sonst treibt, anderen zumindest mit heftigen Worten sozusagen an den Hals zu gehen. Sie erleben nur fürchterliche Angst, oft mit allen ihren körperlichen Begleiterscheinungen. Ja, sie fürchten, von einem Herzschlag getroffen zu werden.

Ihre Angst erscheint ihnen also ohne Bezug, als Angst aus dem Nichts heraus, die sie selbst und die auch Außenstehende nicht verstehen. Bleiben wir aber beim Fall der Frau Anneliese T. Wie ist es möglich, daß die Gegenwart ihres Mannes ausreicht, um die Angst später einigermaßen niederzuhalten?

THEOPOLD: Die heranstürmenden eigenen Impulse werden seelisch genauso erlebt wie eine äußere Gefahr. Denken Sie an ein Kind, das auf der Straße einem großen Hund begegnet und Angst hat, er könne beißen. Das Kind ruft nach der Mutter. Ist sie in der Nähe, läßt die Angst nach, und es wagt sich sogar nahe an den Hund heran, um ihn zu streicheln. So bietet der Mann von Frau T. ihr ganz ähnlich einen Schutz vor der Angst. Oder denken Sie an ein Kind, das versucht ist, dem Verbot zuwider an die Sparbüchse zu gehen. Es ist erleichtert, wenn der Vater kommt.

Wie lange hat es gedauert, bis Sie von Frau T. erfahren haben, was Sie jetzt wissen?

THEOPOLD: Etwa eine Stunde. Sie ist mit der Überzeugung gekommen, in ihrem Leben sei alles in Ordnung. Nur die Krankheit störe sie, und die liege doch am niedrigen Blutdruck.

Nun wissen Sie aus der psychotherapeutischen Praxis, daß hinter der neurotischen Störung dieser Patientin etwas anderes steckt als ein zu niedriger Blutdruck. Zielt Ihre Behandlung also darauf ab, bestimmte Zusammenhänge für Frau T. sichtbar und begreifbar zu machen?

THEOPOLD: Ja, darauf läuft es hinaus. Als Psychotherapeut versucht man, sich ein Bild von der seelischen Struktur seiner Patienten zu machen; man versucht sozusagen, eine Bauzeichnung ihres Lebensmotors zu kriegen, um zu sehen, wie er ruhiger und produktiver laufen könnte.

Sie haben vorhin von der ›Opferhaltung‹ der Frau T. gesprochen, die zu der ganzen Misere geführt hat. Die Rolle der aufopfernden Mutter und Ehefrau gilt aber doch von altersher als eine Tugend.

THEOPOLD: Darin haben sich Vorstellungen und Wertmaßstäbe erheblich gewandelt. Eine gesunde soziale Einstellung gegenüber anderen Menschen führt natürlich nicht zu einer neurotischen Erkrankung. Der Kardinalfehler der Frau T. liegt darin, daß sie allzu sehr verlernt hat, ihre eigenen Wünsche zu befriedigen. Sie hat schon völlig vergessen, welche Vorlieben und Abneigungen sie hat, und sie denkt nicht im geringsten daran, diese ihren Angehörigen kundzutun. Hinter ihrer übergroßen Bescheidenheit wachsen deshalb unbewußt riesengroße Erwartungen.

Wenn Frau T. sich nun nicht in psychotherapeutische Behandlung begäbe – könnten ihre Störungen von selbst verschwinden? Oder ist sie dann ihr Leben lang daran gebunden?

THEOPOLD: Schwer zu sagen. Wenn psychisch bedingte Störungen durch schwere Schicksalsschläge ausgelöst werden, dann werden sie eher wieder von selbst verschwinden. Der Mensch erholt sich. Je mehr aber ein falscher Kurs im Leben zu diesen Störungen geführt hat, desto hartnäckiger halten sie sich. Der Kranke verbindet damit des öfteren auch einen gewissen Gewinn, eine Genugtuung, trotz des oft schweren Leidens, das er hinnehmen muß. Frau T. hat auch einen Krankheitsgewinn, wie man in der Fachsprache sagt: Dank ihrer Angst hat sie auf indirektem Weg erreicht, daß sich ihr Mann nun viel mehr um sie kümmern muß.

Würde man bei Frau T. mit Medikamenten etwas ausrichten können?

THEOPOLD: Es gibt Menschen – und zu denen gehört nach meiner Ansicht Frau T. –, bei denen wäre es schade, durch Medikamente in ihr Seelenleben einzugreifen. Diese Menschen gehen an ihrem Leben vorbei; mit Tabletten ist daran nichts zu ändern. Aber da die Zahl der vollausgebildeten Psychotherapeuten in der Bundesrepublik klein ist, ist der Arzt praktisch doch häufig auf Psychopharmaka, also auf Medikamente, die steuernd in die Psyche eingreifen, angewiesen.

Bei Frau T. haben Sie es mit einem Fall von psychisch bedingter Angst zu tun. Das hat eine Stunde Gespräch bestätigt. Jetzt stellt die Patientin doch bestimmt die Frage, die vermutlich alle Leute stellen, die zum Psychotherapeuten kommen: Herr Doktor, was machen Sie denn nun mit mir?

THEOPOLD: Da muß ich entgegnen, daß nicht ich etwas mit ihr mache. Ich muß vielmehr versuchen, mit ihr zusammen die psychologischen Hintergründe der Neurose, also der schon erwähnten charakterlichen Fehleinstellungen, Stück für Stück aufzudecken, damit sie zu neuen Einstellungen und Verhaltensweisen kommt.

Wie gehen Sie praktisch vor?

THEOPOLD: Wenn, wie in diesem Fall, eine ausgedehnte analytische Behandlung notwendig ist, gebe ich meinen Patienten zunächst ausdrücklich Hinweise auf die Natur ihres Leidens. Ich sage ihnen etwa, daß es von großer Bedeutung ist, wie sie mit ihren Gefühlen, ihren Wünschen und Ängsten umgehen. Ich versuche, ihnen klarzumachen, warum sie auf der berühmten Couch des Analytikers alles das sagen sollen, was ihnen gerade durch Kopf, Herz und Körper geht. Auf diese Weise bekomme ich von ihnen am besten zu hören, wie sie fühlen und denken, wie sie leben und wie sie eigentlich leben möchten. Ich sage ihnen, daß sie sich im Gespräch über alle diese Dinge besser kennen und besser mit sich und anderen umgehen lernen können.

Ist das nicht sehr schwer? Muß man Ihnen da nicht Zutritt zu seiner Intimsphäre gewähren?

THEOPOLD: Gewiß, aber das tut man beim Arzt doch sonst auch, jedesmal im eigenen Interesse.

Aber was soll ein Patient machen, wenn er merkt, daß ihm der Mund verschlossen bleiben wird, weil Sie ihm unsympathisch sind?

THEOPOLD: Dann sollte er auf jeden Fall einen anderen Therapeuten aufsuchen.

Mit anderen Worten – ohne seine Beteiligung, ohne seine Mitteilung, können Sie ihm in keiner Weise helfen?

THEOPOLD: Nein, ganz bestimmt nicht.

Wie ist es denn mit Frau T. weitergegangen?

THEOPOLD: Nun, sie entschloß sich, zunächst gewiß nicht ohne Widerstreben, es mit mir zu versuchen. Zu einem Angelpunkt der Behandlung wurde dann sehr bald für sie die Erkenntnis, daß sie es als Kind gar nicht schön gefunden hatte, immer so kurzgehalten zu werden. Sie hatte erst später, und mit erheblichen Mühen, sich damit trösten gelernt, daß sie wenigstens nicht verwöhnt worden sei. Ihr ging dann auch auf, daß ihre Mutter genausowenig aus Freude an der Sache immer so ›wunderbar eingeteilt‹ und zugunsten der Familie verzichtet hatte. Eigene Erziehung und kärgliche Lebensbedingungen hatten ihr gar nichts anderes übriggelassen. Die Mutter versuchte sich dadurch zu trösten, daß sie aus der Not eine Tugend machte. Natürlich merkte die Tochter, daß sie von der Mutter mehr geliebt wurde, wenn sie sich ebenfalls bescheiden und anspruchslos zurückhielt. So wurde später verständlich, warum Frau T. für sich kein Geld ausgeben konnte. Sie erinnerte sich dazu eines Traumes: Da wurden Kühe über die Dorfstraße getrieben, an der sie als Kind gewohnt hatte. Mehrere hatten das Maul verbunden, alle anderen wurden zum Schlachter gebracht. Frau T. wurde nun bewußt, daß ihr von Kindheit an – wie sie sagte – ›das Gefühl in den Knochen gesessen‹ hatte, solange sie nichts beanspruche, werde sie ›Frieden und Harmonie‹ haben. Wehe aber, wenn sie etwas für sich verlange, was ihr nicht von selbst gegeben werde. Dann werde sie ›geschlachtet‹. Das heißt, dann werde sie kaum geduldet, geschweige denn geliebt werden.

Das wichtigste aber war, daß ihr nun während der Behandlung deutlicher denn je aufging, daß diese Zeiten für sie vorüber seien, daß sie doch jetzt erwachsen sei und ruhig mal ›das Maul aufmachen‹ könnte. Wenn ich mir mein Stück vom Kuchen des Lebens nicht allein nehmen kann, dann werden mich hoffentlich andere belohnen, für die ich mich einsetze. Genau das ist für die Opfer- und Helferhaltungen typisch, die man oft bei Angstneurosen findet. Den Betroffenen ist das keineswegs bewußt. Sie können sich deshalb auch nicht mit anderen darüber auseinandersetzen, was die ihnen nun geben sollen.

Ist es nicht ein sehr weiblicher Standpunkt: Ich bin glücklich, wenn du nur glücklich bist?

THEOPOLD: Es wäre schade, wenn ein Mensch niemals so empfinden könnte. Aber es kann auf die Dauer nicht gutgehen, wenn das das einzige Glück sein soll. Es wäre ja ein Riesenverzicht, für den im Hintergrund eine Riesenbelohnung verlangt werden muß, damit die Lebensbilanz stimmt.

Muß es bei fehlgelebtem Leben ausgerechnet zu einer Angstneurose kommen?

THEOPOLD: Gewiß nicht. Es kann sich eine Fülle verschiedener Symptome ergeben. Man kann aber umgekehrt sagen, daß hinter allen neurotischen Symptomen ein fehlgelebtes Leben steht, ein Leben, das ungenutzte Möglichkeiten enthält und verändert werden könnte. Welche Symptome sich im Erkrankungsfall einstellen, hängt unter anderem davon ab, in welcher frühen kindlichen Entwicklungsphase sich die Entfaltungsschwierigkeiten ergeben haben. Man könnte das etwa mit den angeborenen körperlichen Mißbildungen vergleichen; die hängen davon ab, zu welchem Zeitpunkt der Schwangerschaft die Schädigung ausgelöst wurde.

Die Behandlung geht also im Grunde immer auf das gleiche aus: Aufhebung, Korrektur von Fehlentwicklung.

Oder wie Sie formulieren: den Lebensmotor produktiver laufen lassen.

THEOPOLD: Im Fall der Frau T. ging es darum, sie erleben zu lassen, daß sie gar nicht so bedürfnislos ist. Darin irrte sie sich ja in geradezu tragischer Weise. Sie sagt nicht, wegen dieser oder jener Ängste tue ich das nicht oder kann ich jenes nicht, sondern sie empfindet sich als echt bedürfnislos. Wo andere lebhaft erleben, erlebt sie wenig oder nichts. Ich möchte allgemein sagen, die Behandlung zielt darauf ab, den Kranken seine eigenen Gefühle besser fühlen zu lassen und mit ihm Wege zu finden, sie besser zur Geltung kommen zu lassen. Ein Außenstehender wird vielleicht fragen: Ist das alles? Ich meine – ja.

Hilfsmittel Hypnose

Heilung auf Befehl

Hypnose ist ein wichtiges Hilfsmittel für die Psychotherapie. Der Seelenarzt steuert damit die Erlebensweise eines Patienten. In der Psychotherapie wird Hypnose manchmal angewendet, um Vergessenes oder Verdrängtes aus dem Gedächtnis zu holen. Viele Menschen fürchten, in der Hypnose willenlos zu werden. Aber der Patient führt niemals Befehle aus, die er bei vollem Bewußtsein verweigern würde. Dieser Bericht schildert, wie eine Hypnose abläuft und was der erfahrene Arzt damit erreichen kann.

Als der Bibliothekar Berthold R., 38 Jahre alt, von seiner Mutter und seiner Schwester in die Praxis des Psychotherapeuten gebracht wurde, wog er 49 Kilo, und das bei einer Größe von 1,86 Meter. Sie mußten Herrn R. hereintragen, denn er konnte vor Entkräftung nicht mehr laufen. Etwas Merkwürdiges war passiert: Berthold R. war nicht mehr imstande zu schlucken. Er drohte zu verhungern und zu verdursten.

Seine Schluckstörungen hatten unmittelbar nach einem

Autounfall begonnen. Herr R. war mit seinem Opel Rekord auf der vereisten Autobahn ins Schleudern geraten, hatte die Leitplanke durchbrochen und war auf die Gegenfahrbahn geraten. Mit viel Glück wurde ein Frontalzusammenstoß vermieden. Dieses Ereignis lag fünf Monate zurück.

Bis vor sechs Wochen konnte Herr R. noch mühsam mit flüssiger Nahrung am Leben gehalten werden. Aber jetzt rann nicht mal mehr ein Tropfen Wasser durch seine Kehle; man mußte ihn durch Injektionen ernähren. Eine uralte Methode, die Haut mit Öl einzureiben – wobei ein Teil des Öls vom Körper aufgenommen wird –, trug dazu bei, daß Herr R. noch nicht verhungert war.

Seine Mutter und seine Schwester schilderten dem Psychotherapeuten, welche Kämpfe jeder Versuch gekostet hatte, dem Kranken auch nur einen Tropfen Milch einzuflößen. Er begann jedesmal zu würgen und nach Atem zu ringen.

Zuspruch, Medikamente, komplizierte Magenuntersuchungen – das war alles probiert worden, jedoch vergeblich. Kein Arzt konnte Herrn R. helfen. Seine Kehle war wie zugeschnürt. Der Psychotherapeut entschloß sich, eine hypnotische Behandlung zu versuchen. Er hoffte, daß dieser Patient zu jenen Menschen gehörte, die verhältnismäßig leicht in Hypnose zu versetzen sind.

Der Versuch gelang. Schon nach wenigen Minuten verfiel Herr R. in einen tiefen hypnotischen Zustand. Jetzt ging es um die Frage, ob die Schluckreflexe in Hypnose normal verlaufen würden. Der Psychotherapeut füllte eine kleine Injektionsspritze mit Wasser und spritzte – ohne Nadel – Herrn R. ein paar Tröpfchen zwischen die Lippen. Der Patient schluckte. Er schluckte ganz normal und begann plötzlich, an der Spritze zu saugen wie ein Kind an der Mutterbrust. Da der Therapeut auch eine Allgemeinpraxis als Arzt betrieb, konnte die Sprechstundenhilfe rasch eine Babyflasche mit einem Schnuller beschaffen. Die füllte sie mit gezuckerter warmer Milch, und der Patient, in der Hypnose wieder zum Kind geworden, trank die Flasche leer.

Die Behandlung bestand zunächst darin, daß Herr R. täglich zwei Hypnosen bekam. In diesem Zustand nahm er genügend Nahrung aus der Flasche zu sich, und die akute Gefahr des Verhungerns konnte gebannt werden. Um von dieser mühsamen Form der Ernährung bald loszukommen, übte der Psychotherapeut mit Berthold R. das sogenannte autogene Training, eine Art Selbsthypnose. Die Fremdhypnose und die Selbsthypnose des autogenen Trainings brachten Herrn R. bald so weit, daß er zunächst gekochte Früchte und dann auch alles andere essen konnte.

In diesem Stadium der Behandlung konnte der Psychotherapeut damit beginnen, die Ursache der Schluckstörung zu erforschen, um seinen Patienten endgültig von dieser Krankheit zu befreien. Wieder mit Hilfe der Hypnose: Berthold R. wurde weit in seine Kindheit zurückversetzt, um vielleicht so eine frühe seelische Belastung aufzuspüren, die als Hintergrund für die Störung in Frage kommen könnte. Die ersten Versuche hatten keinen Erfolg.

Auch die Mutter, die nun befragt wurde, wußte nichts Besonderes zu berichten. Sie erinnerte sich nur daran, daß der kleine Berthold, als er in den Kindergarten geschickt wurde, häufig erbrechen mußte und daß er schon dort manchmal Schwierigkeiten mit dem Schlucken hatte. Diese Störungen, die selten und eigentlich nur dann auftraten, wenn der Junge aufgeregt war, wurden als Unart abgetan und – nach dem Rat des Hausarztes – nicht beachtet.

Tatsächlich hörte das Erbrechen in der zweiten und dritten Volksschulklasse auf. Schluckstörungen gab es nur noch, wenn Berthold heftig weinen mußte. Nach einem besonderen Ereignis befragt, schüttelte die Mutter den Kopf. Da war niemals ein Schock, kein verschlucktes Bonbon, keine Gräte, die Berthold im Hals steckengeblieben war, kein heimlicher Versuch, aus der Schnapsflasche des Vaters zu kosten, oder was es sonst noch alles an Schrecksituationen in der Kindheit geben mag.

Erst als der Psychotherapeut Herrn R. während einer weiteren hypnotischen Sitzung in die Säuglingszeit zurückversetzte, geschah etwas Auffallendes. Der Patient verzog sein Gesicht, als hätte man ihm Galle zu trinken gegeben, und begann zu spucken. Jetzt scheiterte auch der Versuch, ihn Wasser trinken zu lassen. In jener merkwürdigen Doppelrolle, in der sich ein hypnotisierter Erwachsener befindet, wenn er in seine frühe Kindheit zurückversetzt wird, sagte er immer wieder weinerlich: ›Bitter, bitter, pfui, pfui, bitter!‹

Wiederum wurde die Mutter befragt, diesmal über die Stillgewohnheiten. Sie erinnerte sich dunkel daran, daß der Kleine nicht aufhören wollte zu trinken, nachdem sie ihn schon neun Monate gestillt hatte. Sie habe damals ein altes Hausmittel angewandt, um ihm die Brust zu vergällen: Sie bestrich die Brustwarzen mit Wermuttinktur. Und nun fiel der Mutter plötzlich ein, daß der Säugling damals vor Wut ganz blau geworden sei, einen halben Tag lang geschrien habe und – falls sie die Erinnerung nicht trog – ganz merkwürdig zu schlucken begonnen habe.

In den folgenden hypnotischen Sitzungen wurden die Ruhe- und Entspannungssuggestionen vor allem auf diese Situation hin gelenkt. Sie lauteten sinngemäß: Ruhe beim Trinken und Gleichgültigkeit gegen Bitteres. Essen und Trinken wurden danach für Herrn R. zusehends müheloser, und auch bei den gelegentlichen

Aufregungen des Alltags konnte er bald wieder normal schlucken. Er setzte seine Übungen im autogenen Training mit großer Beharrlichkeit fort. Die Ursachen mancher Störungen, die noch vorhanden waren, ließen sich klären.

Keineswegs bei allen Patienten sind solche klaren Erfolge mit Hilfe der Hypnose in der Psychotherapie möglich. Die Rückversetzung in die frühe Kindheit hätte auch mißlingen können. Dann wäre man vielleicht nur mit einer Psychoanalyse hinter die Ursache der Störung gekommen. Der Zufall half hier mit: Die Mutter des Herrn R. konnte sich an die damalige Situation erinnern. Wenn sie nicht mehr gelebt hätte oder nicht zur Mitarbeit bereit gewesen wäre, hätte es vielleicht vieler psychoanalytischer Sitzungen bedurft, um Herrn R. zu helfen.

Hierüber ein Gespräch mit dem Arzt und Psychotherapeuten Dr. Heinrich Wallnöfer*.

Herr Doktor Wallnöfer, der Bibliothekar Berthold R. wurde in Hypnose versetzt, und alles klappte wie gewünscht. Der Patient war leicht hypnotisierbar. Er schlief schon nach wenigen Minuten. Wie macht man das?

WALLNÖFER: Die Hypnose ist keineswegs etwas Mysteriöses oder Geheimnisvolles, wie viele Leute annehmen, sondern ein Vorgang, der nach biologischen Gesetzen abläuft. Es gibt einfache Techniken, die der Hypnotiseur

---

* *Dr. Heinrich Wallnöfer* praktiziert als Psychotherapeut in Wien, leitet in Salzburg eine Abteilung für psychosomatische Medizin und ist Gründer und erster Vorsitzender der Österreichischen Gesellschaft für ärztliche Hypnose und autogenes Training. Er war Schüler und Mitarbeiter des im September 1970 verstorbenen Begründers des autogenen Trainings Prof. Dr. I. H. Schultz. Die richtige medizinische Information des Laien hält Wallnöfer für eine wichtige Maßnahme der körperlichen und seelischen Hygiene. Er hat auf diesem Gebiet Bücher und wissenschaftliche Arbeiten veröffentlicht.

individuell abwandelt. Man leitet eine Hypnose etwa so ein: Der Patient fixiert einen Punkt, zum Beispiel die Fingerspitze des Hypnotiseurs oder die Spitze eines Bleistiftes. Dazu gibt man beruhigende, einschläfernde Suggestionen. Zum Beispiel: ›Ganz ruhig. Eine angenehme Müdigkeit erfaßt den ganzen Körper. Sie fühlen sich ganz wohl, ganz entspannt und geborgen.‹ Nach einer Reihe solcher Suggestionen kommt der Patient in das Anfangsstadium der Hypnose, das sogenannte Hypnoid.

Bei Herrn R. wollte man feststellen, ob seine Schluckreflexe in Hypnose normal verlaufen. Warum sollten sie nun plötzlich anders verlaufen als bisher?

WALLNÖFER: Aus einer unbewußten Ursache, die man bei Herrn R. später ja auch aufdecken konnte, hinderte ihn im Wachzustand eine unüberwindliche Sperre daran, zu schlucken. Wenn es nun gelingt, diese Sperre in der Hypnose zu lösen, dann verlaufen die natürlichen Vorgänge, die bisher von einem ›Komplex‹ gehemmt wurden, normal. Bei Herrn R. ist das gut gelungen. Der Schluckreflex lief in Hypnose ungestört ab.

Herr R. wurde in die Säuglingszeit zurückversetzt. Wie macht man das?

WALLNÖFER: Das ist nicht sehr schwierig. Man versetzt in Hypnose den Patienten in Situationen, die in seinen unbewußten Erinnerungen gespeichert sind. Man kann ihn zum Beispiel seinen zehnten Geburtstag oder seine Konfirmation erleben lassen.

Um ein Bild aus unserem Computer-Zeitalter zu gebrauchen: Man kann in Hypnose also sozusagen alle gespeicherten Informationen abrufen?

WALLNÖFER: Ein treffender Vergleich. Wir verdanken überhaupt dem Computer-Denken der Kybernetik viele Bestätigungen dessen, was man über die Hypnose schon seit langer Zeit weiß. Man kann beim Patienten eine gespeicherte Information nicht nur abrufen, man kann ihn selbst in diese Situation hineinstellen. Er verhält sich dann so, als ob er jetzt in dieser Situation wäre. Wenn man also jemanden in sein zehntes Lebensjahr zurückversetzt, und man fordert ihn auf zu schreiben, dann wird seine Schrift so aussehen, wie sie in dieser Zeit tatsächlich ausgesehen hat. Versetzt man einen Patienten noch weiter zurück, in die Zeit vor der Schule, und bittet ihn dann, etwas aufzuschreiben, dann bekommt man entweder lachend zur Antwort: Ich kann ja noch gar nicht schreiben – oder man erlebt, daß der Patient, der ja nun seine Rolle als kleines Kind durchlebt, ein unglückliches Gesicht macht, sogar anfängt zu weinen und unter Tränen beteuert, er könne doch noch gar nicht schreiben.

Was würde passieren, wenn man eine verheiratete Frau durch Hypnose in ihre Mädchenzeit versetzt und sie auffordert, ihren Namen zu schreiben?

WALLNÖFER: Dann schreibt sie ihren Mädchennamen.

Wenn ein plötzliches Ereignis, eine Explosion, ein Feuer oder ein Schreck auf den hypnotisierten Patienten einwirken – ist der hypnotische Zustand dann unterbrochen? Wacht der Patient auf oder steht er so lange unter dem hypnotischen Einfluß, bis der Hypnotiseur diesen aufhebt?

WALLNÖFER: Beides ist möglich. Das hängt vor allem von der Tiefe der Hypnose ab. Wenn sie sehr tief ist, dann muß der Hypnotiseur sicher auch in solchen Notfällen etwas unternehmen, um sie zu beenden. Eine Hypnose kann so tief sein, daß sie eine Narkose ersetzt. Das heißt, man kann Operationen, auch Bauchoperationen und andere schwere Eingriffe, in Hypnose durchführen, ohne dem Patienten andere Betäubungsmittel zu geben.

Werden solche Experimente an Kliniken gemacht?

WALLNÖFER: Ja, vor allem in Amerika. In Deutschland hat Professor Dietrich Langen – er ist Inhaber des Lehrstuhls für Psychotherapie in Mainz – sich mit den Narkoseärzten der Chirurgischen Klinik zusammengetan. Die Patienten werden am Abend und am Morgen vor der Operation durch Hypnose vorbereitet. Der Verbrauch an Narkosemittel läßt sich dadurch wesentlich herabsetzen.

Wenn ein durch Hypnose schmerzfrei gemachter Patient während der Operation durch irgendeinen Zwischenfall aufwacht, dann wird er doch vor Schmerzen wahnsinnig?

WALLNÖFER: Erstens ist nicht anzunehmen, daß er aufwacht, denn wenn die Hypnoseleitung gut verläuft, dann schläft er tief und hat nicht die geringsten Schmerzempfindungen. Und zweitens stehen selbstverständlich bei Operationen in Hypnose die Narkoseärzte Gewehr bei Fuß und können sofort eine Betäubung einleiten.

Lassen sich durch Hypnose bestimmte Süchte heilen, etwa Alkoholismus oder Nikotinsucht?

WALLNÖFER: Nicht jeder Fall von Alkohol- oder Nikotinsucht ist mit Hypnose zu beeinflussen. Aber man kann oft schöne Erfolge erzielen. Notfalls verwenden wir das sogenannte Aversionsverfahren, wie wir die ›Vergrausungsmethode‹ auch nennen. Wir sind allerdings nicht sehr glücklich damit, denn wir arbeiten ja nicht, um Angst und Grausen, sondern um Ruhe, Entspannung und Vertrauen zu erzeugen.

Ein Kollege mußte einen Gastwirt behandeln. Dieser Mann konnte seinen Beruf nicht ausüben, seitdem er sich durch unmäßiges Trinken einen schweren Leberschaden geholt hatte und an der Theke der Versuchung nicht mehr widerstehen konnte. Es gelang, ihm den Alkohol so zu vergällen, daß er keinen Schluck mehr hinunterbrachte. Er mußte sich sofort übergeben, wenn er auch nur einen Tropfen Bier oder Schnaps zwischen die Lippen bekam. Er wurde aber von meinem Kollegen so ›programmiert‹, daß er den Alkohol trotzdem noch riechen und — ohne zu trinken — Alkohol wieder ausschenken konnte. Ein kompliziertes Verfahren, alle anderen Versuche, einschließlich einer mehrmonatigen Entziehungskur, waren aber fehlgeschlagen.

Der Laie stellt sich gewöhnlich vor, daß in der Hypnose der menschliche Wille gebrochen wird.

WALLNÖFER: Keineswegs. Im Gegenteil, der Wille des Patienten bleibt völlig intakt. Das beweist zum Beispiel eine Beobachtung von dem inzwischen verstorbenen Münchener Hypnosearzt Doktor K. Schmitz. Er hatte versucht, einem Patienten in der Hypnose bittere Tropfen schmackhaft zu machen, die dieser Mann im Wachbewußtsein unter gar keinen Umständen nehmen wollte. Das ist nicht nur mißlungen, sondern der Patient erklärte in der tiefen Hypnose einfach, er denke gar nicht daran, die Tropfen zu nehmen.

Im Gegensatz dazu haben wir Herrn R., dem in der Hypnose etwas möglich gemacht wird, was er normalerweise auch vollziehen würde. Diese Normalhaltung war aber durch seelische Spannungen oder eine Hemmung vorübergehend unterbrochen, er konnte nicht schlucken?

WALLNÖFER: Genau das ist es. Darin liegt der große Unterschied. Herr R. will ja essen, er will trinken, er freut sich sogar darauf, aber es gelingt einfach nicht; er konnte den Schluckreflex nicht ablaufen lassen.

Damit ist die nächste Frage eigentlich schon beantwortet: Könnte man einen Straftäter durch Hypnose gegen seinen Willen dazu bringen, die Wahrheit über seine Tat zu sagen?

WALLNÖFER: Ich glaube, das ist nicht möglich. Von den juristischen Bedenken ganz abgesehen. Eine Aussage in Hypnose hätte vermutlich auch keinen größeren Wert als eine Aussage im Wachzustand. Vom Traum wissen wir seit Sigmund Freud, daß auch dort Sperrmechanismen wirksam sind, daß es eine Art Zensur geben muß, die den Träumenden daran hindert, ganz bestimmte, etwa peinliche Dinge zu träumen.

Man kann also nicht davon ausgehen, daß man in Hypnose die ›Wahrheit‹ erfährt?

WALLNÖFER: Bestimmt nicht, wenn der Patient nicht gewillt ist, diese Wahrheit zu sagen. Man kann unbewußte Hemmungen unter Umständen durch Hypnose lösen, aber keine bewußten Kontraeinstellungen.

Wäre es denkbar, daß ein eifersüchtiger Mann einen Hypnotiseur beauftragt, herauszufinden, ob seine Partnerin ihn betrügt?

WALLNÖFER: Kaum. Ein Arzt würde auf ein solches Ansinnen außerdem nicht eingehen. Prinzipiell wird die Hemmung der Betroffenen stärker sein als die Hypnose.

In der Hand des erfahrenen Psychotherapeuten sind – je nach seiner Fachrichtung – Psychoanalyse, Hypnose und autogenes Training vereinigt, und er kann jede dieser Methoden wahlweise oder kombiniert einsetzen?

WALLNÖFER: Man kann zum Beispiel die Analyse dadurch beschleunigen, daß man im autogenen Training lernt, sich besser an seine Träume zu erinnern. Das kann wichtig werden, weil die Traumdeutung in der Psychoanalyse eine große Rolle spielt.

Das autogene Training setzt voraus, daß der Patient einsichtig ist und aktiv mitarbeitet?

WALLNÖFER: Ja. Der Wille mitzuarbeiten und Zeit zu opfern, ist Voraussetzung. Wichtig ist die Erkenntnis, daß die Entspannung der Muskeln allmählich auch zu einer Entspannung im seelischen Bereich führt. Wie umgekehrt Spannungen im seelischen Bereich – das kann man im Alltag gut beobachten – Muskelspannungen hervorrufen. Muskelspannungen erhöhen aber zum Beispiel wieder den Blutdruck – Sie sehen schon, alles Körper- und Seelengeschehen ist untrennbar miteinander verbunden.
Wesentlich scheint mir zu sein, daß es gerade durch I. H. Schultz gelungen ist, die Arbeit mit der Hypnose und den von ihr abgeleiteten Verfahren – wie etwa dem autogenen Training – auf eine streng wissenschaftliche Basis zu stellen. Hypnose und autogenes Training wurden dadurch eine seelische Behandlungsart, die auf breiter Basis auch in der Praxis sonst nicht psychotherapeutisch tätiger Ärzte anwendbar ist. Wenn man bedenkt, daß wenigstens die Hälfte, wahrscheinlich sogar ein wesentlich höherer Prozentsatz aller Kranken, die heute einen praktischen Arzt oder einen Internisten aufsuchen, ein ›psychosomatisches Leiden‹ haben, also eine Krankheit, an deren Entstehung auch seelische Vorgänge wesentlich beteiligt sind, so kann man die Bedeutung abschätzen, die diesem Verfahren zukommen sollte.

Wann würden Sie autogenes Training verordnen?

WALLNÖFER: Der Anwendungsbereich geht sehr weit. Vor allem bei psychisch bedingten Krankheiten, bei denen bestimmte Abschnitte des Körpers oder bestimmte Organe befallen sind — ich denke an Asthma, Herzjagen, aber auch Magengeschwüre, chronische Verstopfungen, Regelstörungen, Kopfschmerzen —, ist das autogene Training häufig angezeigt.
Dazu kommen natürlich auch sexuelle Störungen, unangenehme Zeichen seelischer Belastungen, wie Nägelbeißen und so weiter.

Beim autogenen Training ist der Patient Subjekt, er handelt selbst. In der Hypnose ist er Objekt, es geschieht etwas mit ihm.

WALLNÖFER: Richtig. Deshalb wird das autogene Training in der Psychotherapie heute gegenüber der Fremdhypnose oft bevorzugt. Statt eine passive Haltung einzunehmen, lernt der Patient hier, sich selbst zu steuern und seine Beschwerden und Störungen selbst in den Griff zu bekommen.
In der Oberstufe erlebt er eine Bewußtseinserweiterung, er lernt auf nicht nur rationalem Weg Probleme zu lösen und kann seine schöpferischen Fähigkeiten vertiefen.
Die Bedeutung des autogenen Trainings läßt sich zwanglos daran ablesen, daß heute schon mehrere tausend wissenschaftliche Arbeiten darüber veröffentlicht sind, daß das Standardwerk von I. H. Schultz 1970 die 13. Auflage erlebt hat und in vielen Sprachen übersetzt wurde. In der Bundesrepublik besteht die Deutsche Gesellschaft für ärztliche Hypnose und autogenes Training (Anschrift: zu Händen von Doktor Günter Krapf, Schriftführer, 8 München 13, Hiltenspergerstraße 36), und in Österreich wurde 1969 die Österreichische Gesellschaft für ärztliche Hypnose und autogenes Training gegründet (Anschrift: 1190 Wien, Pyrkergasse 23).

Impotenz

Der Held, der eine Niete ist

Impotenz wird als der schlimmste Makel im Leben eines Mannes empfunden; denn von der Fähigkeit, jederzeit seine Männlichkeit beweisen zu können, hängt die innere Sicherheit und das Selbstbewußtsein sehr vieler Männer ab. Impotenz ist meist Folgeerscheinung einer seelischen Fehlentwicklung, die dem Betroffenen entweder gar nicht oder nur unvollkommen bewußt ist und dann oft verdrängt wird. Aufgabe des Psychotherapeuten ist es, diese seelische Fehlentwicklung zu erkennen, sie dem Leidenden bewußt zu machen und sie mit ihm zu verarbeiten und abzubauen. Dadurch schafft der Psychotherapeut beim Patienten die Voraussetzungen, die Potenz wiederzuerlangen.

Der schwäbische Oberfeldwebel Anton A., 34 Jahre alt, Düsenjägerpilot mit über 2 000 Flugstunden, wird während eines Routineflugs von heftigen Kopfschmerzen und Schwindelgefühlen überfallen. Er bricht den Flug ab und

Der Versager im Bett kann nicht mehr fliegen

Die Niederlage, die ein Mann im Pyjama erlitten hat, bestimmt oft sein ganzes Denken und Handeln und kann dazu führen, daß er auch in allen anderen Lebensbereichen versagt. Ein potenzschwacher Mann wird häufig zum Angeber, um sein Versagen zu kompensieren.

kehrt zu seinem Fliegerhorst zurück. Anschließend meldet er sich bei seinem Truppenarzt. Dieser überweist ihn nach und nach zu einem Internisten, Neurologen, Augenarzt, Orthopäden, Ohrenarzt und Zahnarzt.
Der Kopf und die Halswirbelsäule werden geröntgt; die Nasennebenhöhlen werden untersucht; ein Elektroenzephalogramm und ein Echoenzephalogramm werden abgeleitet. Aber keiner der Fachärzte kann bei dem Oberfeldwebel eine körperliche Erkrankung erkennen.
Anton A. gibt sich damit zufrieden, daß er gesund ist, und fliegt wieder. Aber schon nach kurzer Zeit treten die gleichen Beschwerden auf, jetzt sogar noch heftiger. Der Truppenarzt nimmt schließlich an, A. sei durch das viele Fliegen nervös geworden und dem Zustand nahe, den die Flieger als ›abgeflogen‹ bezeichnen. A. wird zu einer längeren Kur in ein renommiertes Sanatorium überwiesen. Hier erhält er im wesentlichen Bäder, Massagen und Beruhigungsmittel. Außerdem werden ihm aktive Bewegungsübungen verordnet.
Als der Erfolg ausbleibt, muß Oberfeldwebel A. ›gegroundet‹ werden, das heißt, er darf nicht mehr fliegen und soll anders verwendet werden. Deshalb nimmt er zunächst an einem Stabsfeldwebel-Lehrgang teil. Hier versagt dieser intelligente, sportlich leistungsfähige Mann in einem unvorhersehbaren, geradezu erschreckenden Ausmaß. Er bekommt schließlich eine schlechte Beurteilung nach der anderen und wird überall abqualifiziert. Darauf angesprochen, warum er überall versage, erklärt er, daß er sich wegen seiner quälenden Kopfschmerzen einfach nicht mehr konzentrieren könne. Er könne auch nachts nicht mehr schlafen. Daraufhin wird Oberfeldwebel A. schließlich einem Wehrpsychiater vorgestellt.
Hier der Bericht von Oberstarzt Dr. Rudolph Bricken-

stein*, Facharzt für Psychiatrie und Leitender Arzt der neurologisch-psychiatrischen Krankenabteilung im Bundeswehrkrankenhaus Hamburg:
Oberfeldwebel A. kommt nicht gern zum Psychiater. Er gibt deutlich zu verstehen, daß er sich von einer solchen Untersuchung nichts verspricht. Dabei verhält er sich etwas naßforsch, gibt sich betont jung und versucht den Eindruck zu erwecken, daß er genau weiß, was er will. Vorwiegend berichtet er von seinen fliegerischen Leistungen, räumt aber auf Befragen ein, daß er in der letzten Zeit so von Kopfschmerzen und Schwindelgefühlen geplagt worden sei, daß er vorübergehend das geliebte Fliegen habe aufgeben müssen.
Er gibt auch zu, daß diese Beschwerden schließlich so hochgradig geworden seien, daß er auch sonst seinen Dienst nicht mehr recht habe versehen können. Vorwurfsvoll fügt er hinzu, daß er bei vielen Fachärzten gewesen sei, doch habe ihm keiner helfen können.
Außer Kopfschmerzen und Schwindel gibt Anton A. keine weiteren Beschwerden an, auch nicht auf gezieltes Befragen. Auf seine Ehe angesprochen, berichtet er lebhaft, daß er mit einer sehr attraktiven, fünf Jahre jüngeren schwarzhaarigen Frau verheiratet sei. Er liebe sie sehr und glaube das auch von ihr. Aus der Ehe seien zwei Kinder hervorgegangen, die seien seine und seiner Frau ganze Freude.

---

* *Oberstarzt Dr. Rudolph Brickenstein* wurde 1918 in Berlin geboren. Medizinisches Staatsexamen und Promotion 1943. Bis Kriegsende Truppenarzt. Dann wissenschaftlicher Assistent, später Nervenarzt in Bayreuth und Würzburg. Ab 1963 beratender Wehrpsychiater im Bundesministerium für Verteidigung. Seit 1967 Leitender Arzt der neurologisch-psychiatrischen Krankenabteilung des Bundeswehrkrankenhauses Hamburg. In seinen wissenschaftlichen Veröffentlichungen befaßt sich Brickenstein vorwiegend mit psychiatrischer Therapie, Selbsttötungen, Homosexualität, Rauschgift, Begutachtungsfragen und forensischer Psychiatrie.

Diese letzte Mitteilung wirkte auf den Untersucher so endgültig, daß es ihm unbedingt erforderlich schien, hier weiter zu fragen, gerade weil Anton A. das offensichtlich vermeiden wollte. A. wurde intensiv nach der Art seiner sexuellen Beziehungen in der Ehe gefragt. Erst jetzt ließ seine zur Schau gestellte Selbstsicherheit schnell nach. Er sackte förmlich in sich zusammen, und es zeigte sich, daß die demonstrierte unverbrauchte Vitalität des ja noch relativ jungen Soldaten nur eine Fassade war, hinter der sich ein unglücklicher, sensibler und wenig selbstsicherer Mann verbarg, der offenbar mehr von den tieferen Ursachen seiner Kopfschmerzen und seiner Schwindelerscheinungen ahnte, als er sich selbst bisher eingestehen wollte.

Schließlich berichtete A., zunächst noch zögernd und stockend, allmählich aber immer flüssiger und schließlich erleichtert, daß er jetzt endlich einmal mit jemandem über seine Probleme sprechen könne. Am Ende brach es fast wie eine Lawine aus ihm heraus:

In seinem Elternhaus habe ein etwas prüder, kleinbürgerlicher Ton geherrscht. Seine Eltern hätten es für richtig gehalten, ihn sehr streng zu erziehen und von Mädchenbekanntschaften immer fernzuhalten. Über sexuelle Dinge sei zu Hause niemals gesprochen worden. Seine Kenntnisse vom Liebesleben habe er sich durch Gespräche mit Kameraden erwerben müssen. Infolge seiner strengen Erziehung sei es ihm aber auch diesen gegenüber schwergefallen, gezielte Fragen zu stellen. Auch habe er sich hier nicht blamieren wollen, indem er seine Kameraden etwas fragte, von dem diese annehmen mußten, er wisse das bereits.

Intimen Verkehr habe er vor seiner Ehe nie gehabt; er sei ihm vor seiner Ehe auch als etwas Verbotenes und Unmoralisches erschienen. Allerdings sei ihm seine Enthaltsamkeit nie sehr schwergefallen, da er auf Veranlassung seiner Eltern viel Sport getrieben habe. Auf diese Weise sei es dahin gekommen, daß er in mancher Hinsicht recht wenig orientiert gewesen sei, als er geheiratet habe. Insbesondere habe er überhaupt nicht gewußt, daß eine Frau während des Verkehrs ein Orgasmuserleben haben könne. Den Verkehr in der Ehe habe er als eine Art Aufgabe empfunden, die – wie überall im Leben – Leistung erfordere. Innerlich habe er sich in seiner sonst so glücklichen Ehe allerdings nie ganz von dem Gefühl freimachen können, daß er sexuell nichts Besonderes leiste. Da seine Frau aber glücklich schien, habe er sich über diesen Punkt gleichsam hinweggemogelt.

Das ging so lange gut, bis eines Tages etwas geschah, was diesen vom Leistungsstreben getriebenen athletischen Mann wie eine pauschale menschliche Abwertung traf: Nach langen inneren Kämpfen gestand ihm seine Frau, daß sie ihn zwar sehr liebe und auch über die beiden Söhne sehr glücklich sei, sexuell habe sie sich aber von ihm noch nie befriedigt gefühlt. Sie habe noch niemals einen Orgasmus durch ihn erlebt.

Anton A. berichtete, daß ihn diese Eröffnung seiner Frau vernichtend getroffen habe. Er habe sich als Mensch und Mann minderwertig und gedemütigt gefühlt und auch nicht gewußt, wie er diese Situation ändern könne. Ständig habe er darüber nachgegrübelt, was er anders machen solle. Er habe sich aber als ›gestandener Mann‹ nicht dazu aufraffen können, mit einem Arzt über die ›Möglichkeiten und Aufgaben‹ eines Mannes beim Sexualverkehr zu sprechen. Statt dessen habe er von nun an jedes Zusammensein mit seiner Frau als eine Art Bewährungsprobe gewertet, von der er von vornherein wußte, daß er sie nicht bestehen würde, weil er nur Unzureichendes leiste. Schließlich habe er sich nur noch von Befürchtungen gequält zu seiner Frau begeben. So sei es schließlich dahin gekommen, daß er überhaupt nicht mehr in der

Lage gewesen sei, Verkehr auszuüben. Er habe seinen ganzen Willen angespannt; es habe ihm nichts genutzt, sein Penis sei nicht mehr erigiert.
Bei jedem neuen Versuch habe er sich selbst ängstlich beobachtet. Aber sein Versagen sei immer offenkundiger geworden. Zuletzt habe ihn nur noch eine tiefe Verzweiflung beherrscht. Diese habe schließlich auch sein ganzes Fühlen und Denken außerhalb der Intimsphäre erfaßt. Er habe begriffen, daß er überhaupt ein Versager sei, und habe auch an seinen fliegerischen und soldatischen Fähigkeiten so lange gezweifelt, bis er tatsächlich nach und nach auch hier massiv versagte. Dabei empfand er seine Kopfschmerzen, Schwindelgefühle und Schlaflosigkeit, die aus seiner Verzweiflung resultierten, gleichsam als Alibi für sein allgemeines Versagen.
Wenn man als Psychiater mit A. diese ihm bisher keineswegs voll bewußte Fehlentwicklung erarbeitet, dann werden einem die ursächlichen Zusammenhänge der Impotenz bald klar. Dieser empfindsame Mann strebte immer unbewußt danach, einen gewissen Mangel an Selbstsicherheit vor der Umwelt zu verbergen. All sein Handeln war von dem Wunsch bestimmt, eine robuste Männlichkeit, die er gar nicht in diesem Ausmaß besaß, zu beweisen – etwa so: Nur wenn du Höchstleistungen erbringst, erkennt man in dir den Mann, der du sein willst, aber nur dann.
Deshalb tat er sich – trotz seiner Ängste – durch besonders waghalsige fliegerische Unternehmungen hervor und war besonders stolz darauf, wenn seine Kameraden nicht mithalten konnten. Daß er tatsächlich ein so guter Flieger wurde, lag aber gerade daran, daß er die Grenzen seines Risikos immer genau abwog.
Die Eröffnung seiner Ehefrau hatte Oberfeldwebel A. nun in eine tiefe Selbstwertkrise gestürzt, die seine Potenz im weitesten Sinne des Wortes umfaßte: Sexus, Fliegen

und soldatische Laufbahn. Die äußerste Anspannung des Willens, sich dennoch zu beweisen, hatte genau das Gegenteil zur Folge: Verkrampfung, Furcht vor dem Fliegen und Angst während des Fliegens und Manifestierung der nicht gemeisterten seelischen Konflikte in körperlichen Beschwerden, Impotenz und schließlich Versagen auf der ganzen Linie.

Das Ziel der psychotherapeutischen Behandlung bei Anton A. war nun, die seelische Fehlentwicklung, die die Impotenz zur Folge hatte, mit ihm aktiv zu erarbeiten, sie ihm bewußt zu machen und ihm dann vor Augen zu führen, was für ein wertvoller und leistungsfähiger Mann er tatsächlich ist. So würde man in ihm ein nunmehr begründetes Selbstwertgefühl aufbauen können, aus dem heraus er – ohne sich weiterhin über etwas hinwegmogeln zu müssen – souverän als Soldat, Flieger und Ehemann handeln konnte.

Dazu war es notwendig, zunächst noch einmal durch gezielte Untersuchungen festzustellen, daß die körperlichen Beschwerden, wie Kopfschmerzen, Schwindelgefühl, Schlaflosigkeit und nun auch Impotenz, nicht Ausdruck einer körperlichen Erkrankung waren, sondern daß es sich hierbei um die Antwort des Körpers auf ein nicht verarbeitetes seelisches Erleben handelte. Erst als A. diese Sicherheit hatte, konnte der zweite Teil der Behandlung beginnen.

Alle seine Träume wurden mit ihm verarbeitet. Er wurde aufgefordert, unmittelbar nach dem Erwachen seine Träume aufzuschreiben, so daß sie ihm im Augenblick der Verarbeitung mit dem Psychotherapeuten unverfälscht zur Verfügung standen. Außerdem erlernte Oberfeldwebel A. das autogene Training. Denn gerade bei Potenzstörungen hat sich das autogene Training immer wieder als eine der Hilfsmethoden bewährt, die dem Betroffenen in der Heilungsphase zugute kamen.

Schließlich wurde auch die Ehefrau in die Behandlung einbezogen. Sie erklärte nämlich, daß sie unter Schuldgefühlen leide und darin von ihrer Schwiegermutter bestärkt werde, die ihr heftige Vorwürfe mache: Ihr Mann sei ja erst durch ihr Geständnis, sie habe sich noch nie von ihm befriedigt gefühlt, impotent geworden.
Zunächst mußte man dieser Frau sagen, daß sie richtig gehandelt hatte und daß es ein Fehler gewesen wäre, wenn sie diesen Mangel an sexueller Befriedigung hingenommen hätte. Es wurde ihr klargemacht, daß sie durch ihr Unbefriedigtsein möglicherweise selbst seelisch krank geworden wäre und dann ihrerseits mit körperlichen Beschwerden reagiert hätte. Es erwies sich übrigens als notwendig, auch der Ehefrau eingehende Orientierungshilfen über den Sexualverkehr zu geben, obwohl sie, im Gegensatz zu ihrem Mann, voreheliche Erfahrungen hatte; sie litt ja unter dem Fehlen des Orgasmus gerade deshalb, weil sie ihn im vorehelichen Verkehr anderweitig erlebt und genossen hatte. Schließlich erwies sich hier gerade die Ehefrau als die beste Helferin bei der Wiederherstellung der vollen Potenz ihres Mannes. Es gelang, Oberfeldwebel A. ein begründetes Selbstwertgefühl zu vermitteln, das als Voraussetzung für seine Potenz unbedingt erforderlich war.
So führte die viermonatige Behandlung zum vollen Erfolg. A. konnte mit seiner Frau, die er ja liebte und die ihn liebte, wieder intime Beziehungen aufnehmen, die jetzt beide Partner voll befriedigten. Aber auch seine fliegerischen Fähigkeiten kehrten zurück. Er wurde schließlich ein so vorbildlicher Flieger wie vor Beginn der Krise. Im Kameradenkreis galt er wieder als der erfahrene Jet-Pilot. Auch seinen Stabsfeldwebel-Lehrgang absolvierte er nun ohne Schwierigkeiten. Bei mehreren Nachuntersuchungen, einige Monate nach Beendigung der Behandlung, sprach A. von einer unverändert vollen

sexuellen Leistungsfähigkeit. Auch seine Ehefrau berichtete, daß sie nunmehr ein glückliches Sexualerleben habe.
Anton A. hatte lernen müssen, daß die Demonstration der Stärke nicht ausreicht, um wirklich stark zu sein, und daß Willensimpulse ein Versagen oft nicht allein ausgleichen können, sondern lediglich zu einer Verkrampfung führen, wenn man die Ursachen des Versagens nicht beseitigt.

Herr Doktor Brickenstein, ein Düsenjägerpilot genießt die teuerste Ausbildung der Welt. Die Bundeswehr überprüft bei ihren Fliegern ständig deren Verwendungsfähigkeit als Wehrflieger. Oberfeldwebel A. war aber durch seine Beschwerden zu einem Risikofaktor geworden. Ist er durch die Maschen der ärztlichen Untersuchung und psychologischen Überprüfung gerutscht?

BRICKENSTEIN: Oberfeldwebel A. war als Pilot zunächst völlig intakt und so als Wehrflieger verwendungsfähig. Als er in den Versagenszustand hineingeriet, wurde er gegroundet. Das war sicher für ihn bitter, aber notwendig. Zudem wußte er ja auch, daß alles getan wird, um ihn wiederherzustellen.

Können eigentlich die hohen Anforderungen an sich, die an einen sonst völlig gesunden Düsenjägerpiloten gestellt werden, zu einem sexuellen Versagen führen?

BRICKENSTEIN: Große körperliche oder seelische Anforderungen können schon gelegentlich zu einer sexuellen Erschöpfung führen, aber solche Erschöpfungszustände sind bei sonst gesunden Menschen sicherlich nur vorübergehend. Daß es dadurch zu einer anhaltenden Impotenz kommt, halte ich für unwahrscheinlich.

Die Krise wurde also bei Anton A. ausgelöst, als ihm seine Frau eröffnete, daß sie bisher noch niemals eine sexuelle Vollendung durch ihn erlebt habe.

BRICKENSTEIN: Ja. Diese Frau, die vor der Ehe das intime Zusammensein mit einem anderen Mann erlebt hat und davon völlig erfüllt war, mußte sich überwinden, dem Mann, den sie liebt, das zu sagen. Daß sie ihn dabei in eine schwere Selbstwertkrise stürzte, konnte sie nicht voraussehen. Noch schwerer fiel es ihr zu begreifen, wieso der 34jährige, dem sie ja in beider Interesse hatte helfen wollen, gerade durch diese Eröffnung impotent wurde. Bei ihm entwickelte sich aber gerade danach die ständige Befürchtung, die ihn Tag und Nacht nicht mehr verließ: Es wird das nächstemal wohl wieder nichts werden. Diese Befürchtung wurde zu einem zentralen Punkt in seinem Dasein. Deshalb versagte er auch bei intellektuellen Anforderungen, er versagte als Pilot, er traute sich überhaupt nichts mehr zu und konnte sich nicht mehr konzentrieren, weil er nur an sein Versagen denken mußte. So wurde hier die Impotenz als Folge einer seelischen Fehlentwicklung zu einem zentralen Geschehen in einem Männerleben.

Bestand nicht die Gefahr, daß der Oberfeldwebel in seinem Flugzeug Zuflucht zu tollkühnen und waghalsigen Manövern nahm, um sein Versagen zu kompensieren und so nach außen als besonders guter Pilot dazustehen?

BRICKENSTEIN: Möglich. Es ist durchaus verständlich, daß sexuell versagende Männer ihr angeschlagenes Selbstwertgefühl durch besonders gewagte Unternehmungen wiederherzustellen versuchen. Kraftakte, Raufereien, riskante finanzielle Transaktionen, aber auch intellektuelle Geistreicheleien haben oft ihre tiefere Ursache in solchen Kompensationsversuchen. Andere sexuelle Versager renommieren undelikat mit vermeintlichen Liebesabenteuern oder flüchten sich in Zoten. Bei Oberfeldwebel A. kam es zum Glück nicht zu solchen Entgleisungen.

Im Elternhaus des Herrn A. ging es streng und prüde zu. Das hat doch offenbar, wie er auch selbst empfindet, zu einer gewissen sexuellen Inaktivität beigetragen. Kann man denn den Sexualtrieb durch Erziehung beeinflussen oder bremsen?

BRICKENSTEIN: Die Stärke des Triebes ist sicherlich nicht durch Erziehung beeinflußbar. Sie ist eine konstitutionelle Eigenart. Ich glaube aber, daß die Entwicklung des sexuellen Triebes durch Tabus im Elternhaus, durch Normen, die schon sehr früh gesetzt werden, beeinflußt, unterdrückt oder in falsche Bahnen geleitet werden kann, ohne daß es dem Betroffenen selbst bewußt wird. Da wird von ›reinen‹ und ›unreinen‹ Körperteilen gesprochen, der kleine Junge hört schon früh: ›Pfui, das tut man nicht‹, und kommt so in eine verquere innere Situation. Bei Oberfeldwebel A., der aus einem sehr strengen Elternhaus stammte, kommt noch hinzu, daß er selbst evangelisch und seine Frau katholisch ist und beide religiös stark gebunden sind. So kam es auch von dieser Seite zu vielen Tabus, über die in der Ehe nicht gesprochen wurde.

Sind Symptome wie Kopfschmerzen, Schwindel und Schlafstörungen häufig Ausdruck dafür, daß jemand überfordert ist?

BRICKENSTEIN: Man muß davon ausgehen, daß man Körper und Seele nicht trennen kann, sondern daß der Mensch eine psycho-physische Einheit bildet, eben den ›beseelten Organismus‹. Wird dieser gereizt, müssen

Seele und Körper gemeinsam reagieren. Meist treten die körperlichen Beschwerden, die man dann als funktionelle Beschwerden bezeichnet, am Ort des geringsten Widerstandes auf. Wenn jemand beispielsweise einen besonders anfälligen Magen hat, dann wird er meist zuerst hier Beschwerden verspüren. Bei anderen Menschen macht sich das vielleicht zunächst am Herzen oder in Form von Kreislaufstörungen bemerkbar. Seltsamerweise spielen hier auch Zeitströmungen, fast wie die Mode, eine gewisse Rolle. So beobachtete man nach starken körperlichen und seelischen Belastungen bei Soldaten im Ersten Weltkrieg Zittererscheinungen. Im Zweiten Weltkrieg sah man sehr viele Magenkranke. Heute kommt es nicht nur in der Zivilbevölkerung, sondern auch gerade bei jungen Soldaten zu allen möglichen Störungen von seiten des vegetativen Nervensystems, die oft unter dem vieldeutigen Sammelbegriff ›vegetative Dystonie‹ zusammengefaßt werden. Zu diesem Symptomkomplex gehören häufig Schwindel, Kopfschmerzen, Schlaflosigkeit und übermäßiges Schwitzen. Wenn diese Erscheinungen sehr ausgeprägt sind und nicht von jeher eine Eigenart des Betreffenden waren, muß der Psychiater in jedem Fall forschen, weshalb es zu diesen Beschwerden gekommen ist. Das hat im Falle des Oberfeldwebels A. überhaupt erst zu der Erkenntnis führen können, daß allem eine seelische Fehlentwicklung zugrunde lag, die ihrerseits Impotenz zur Folge hatte.

Hielten Sie eine eingehende psychoanalytische Behandlung bei Oberfeldwebel A. nicht für erforderlich?

BRICKENSTEIN: Selbstverständlich mußte bis zu einem gewissen Grad analytisch vorgegangen werden, aber eine längerdauernde Psychoanalyse war hier, wie der Erfolg bewies, weder angezeigt noch erforderlich.

Störte es den Patienten nicht, daß er Oberfeldwebel und der behandelnde Arzt Oberstarzt, also hoher militärischer Vorgesetzter, ist?

BRICKENSTEIN: Diese militärischen Rangunterschiede verlieren im intimen ärztlichen Gespräch meist sehr schnell ihre Bedeutung. Sonst wäre eine echte psychiatrische Behandlung überhaupt nicht durchführbar. Bisher haben sich hier noch keine Schwierigkeiten gezeigt. Aber eine gewisse Autorität wird der Arzt und speziell der Psychiater nicht nur in Bundeswehrkrankenhäusern, sondern auch in zivilen Krankenhäusern für den Kranken, der Hilfe sucht, wohl immer sein.

Sind Sie während der Behandlung auch auf die Fehler, die das Elternhaus durch seine Erziehung machte, eingegangen?

BRICKENSTEIN: Es wäre nicht richtig gewesen, Oberfeldwebel A. gegen die ethischen Vorstellungen aufzubringen, die ihn innerlich zu dem gemacht haben, was er heute ist. Man müßte sonst eben in einem langen analytischen Verfahren versuchen, seine ganze Persönlichkeit umzustrukturieren. Aber das wäre in diesem Fall nicht nur sehr problematisch, sondern auch überflüssig gewesen. Deshalb begnügte ich mich damit, ihm deutlich vor Augen zu führen, daß die Vorschriften seiner Eltern, die während seiner Entwicklung aus Erziehungsgründen erlassen worden waren, heute für ihn als Ehemann in sexueller Beziehung keine Gültigkeit mehr haben.

Was haben Sie Ihrem Patienten letztlich klarzumachen versucht?

BRICKENSTEIN: Daß er seine Frau nicht deshalb unbefriedigt ließ, weil er dazu körperlich oder seelisch unfähig war, sondern einfach deshalb, weil er die inneren Zusammenhänge des Erlebens in der Liebe – das Geschlechtliche ist ja nur ein Teil davon – noch nicht begriffen hatte. Ich habe ihm auch klargemacht, daß seine bisherige Einstellung gegenüber seinen früheren Tabus falsch war. Vor allem aber war für A. die Gewißheit wichtig, daß bei ihm kein primäres körperliches Versagen vorlag, sondern daß eine seelische Fehlentwicklung zu diesem körperlichen Versagen geführt hat. Die Aufgabe der Psychotherapie war es, diese seelische Fehlentwicklung aufzudecken, ihm bewußt zu machen und abzubauen. Dabei waren die Gespräche mit der Ehefrau zunächst allein und dann mit A. gemeinsam von großer Bedeutung. Hier mußte ich beiden auch – das klingt nach einer langen Ehe etwas merkwürdig – die Scham vor dem anderen nehmen und beiden klarmachen, daß man über sexuelles Verhalten in einer Partnerschaft sprechen kann und sprechen muß. Erst bei diesen Gesprächen kamen wir auch auf viele bisher zurückgehaltene Wunschvorstellungen, die beide Partner hatten, aber sich nicht trauten, sie einander mitzuteilen; dabei waren diese Wunschvorstellungen von seiten der Ehefrau sogar ausgeprägter.

Ist nach dieser viermonatigen Behandlung nun aus einem schlechten Liebhaber ein guter Liebhaber geworden?

BRICKENSTEIN: Ich glaube, ja. Allerdings war das nicht der Sinn der Behandlung. Es ging hier doch darum, die Person A. zentral zu behandeln. Hätte man sich damit begnügt, die Impotenz mit einigen Kunstgriffen zu beseitigen, wäre nur ein Symptom abgeklungen. Hier aber ist es gelungen, die Persönlichkeit eines Menschen so zu harmonisieren, daß er mit sich und seiner Umwelt ins reine kam.

Fachausdrücke und ihre Bedeutung

Affekt
Ausdruck für starke Gefühlserregung, Gemütsbewegung, Emotion.

Aggression
Angriffsverhalten gegenüber Personen, Gegenständen oder Institutionen, als Reaktion auf eine tatsächliche oder vermeintliche Bedrohung der eigenen Macht. Aggression verfolgt das Ziel, die eigene Macht auf Kosten dessen, gegen den die Aggression sich richtet, zu verstärken. Sozial gesehen: Unterdrückung und Zerstörung bis hin zum Mord. Sexuell: Beherrschung, Unterjochung des Partners. Aggressivität: Aggressive Haltung.

Agoraphobie
Platzangst. Zwanghafte Angst, freie Plätze, leere Straßen usw. zu überqueren, gewöhnlich mit Schwindel und Schwächegefühl verbunden.

Analyse
Zerlegung, Aufgliederung einer Gesamtheit in einzelne Bestandteile. Psychoanalyse: – eine besondere Methode der Psychotherapie – heißt Aufdecken kausaler Zusammenhänge zwischen organischen Krankheitssymptomen und bestimmten Vorgängen im Unterbewußtsein.

Analysand
Jemand, der sich einer Analyse unterzieht.

Anamnese
Vorgeschichte einer Krankheit, Registrieren früherer Erkrankungen und Leiden, einschließlich der in Familie und Verwandtschaft aufgetretenen Krankheitsfälle; gewöhnlich fußen die Angaben nur auf den Aussagen des Patienten.

Androgene
Sexualhormone (sowohl im männlichen wie im weiblichen Organismus vorkommend); sie sind für die Ausbildung der sekundären männlichen Geschlechtsmerkmale verantwortlich.

Autismus
Bestimmte Form von Gefühlsstörung. Kontaktunfähigkeit, Teilnahmslosigkeit, Versinken in die eigene Ideenwelt.

Autogenes Training
Auf den deutschen Psychiater J. H. Schultz zurückgehende psychotherapeutische Methode der Konzentration, Selbstentspannung durch Autosuggestion, wodurch ein hypnotischer Ruhezustand herbeigeführt wird.

Depression
Im engeren psychiatrischen Sinn ein Syndrom – das heißt eine Gruppe zusammengehöriger Erscheinungsformen. Dazu gehören Niedergeschlagenheit, Traurigkeit, Verstimmung, Hemmung, Antriebsschwäche, Schwermut, Lebensüberdruß, Selbstmordgedanken.
Eine besondere Form ist die endogene Depression, die meist phasenweise über mehrere Monate verläuft und der manisch-depressiven Psychose zuzuordnen ist.

Diagnose
Erkennen von Krankheiten. Differential-Diagnose: Unterscheidung ähnlicher Krankheitsbilder.

Elektroencephalographie (EEG)
Meßmethode, die Aktionsströme des Gehirns aufzuzeichnen. Das so entstandene Kurvenbild ist das Elektroencephalogramm. Entsprechend werden die Aktionsströme des Herzmuskels gemessen und registriert; man spricht vom Elektrokardiogramm (EKG).

Endokrinologie
Lehre von den Drüsen mit innerer Sekretion, ihrer Funktion und ihren Hormonen.

Frigidität
Geschlechts- und Gefühlskälte der Frau, daraus resultierend eingeschränkte, verminderte Erlebnisfähigkeit. Unvermögen, einen Orgasmus zu erleben und zur völligen sexuellen Hingabe.

Halluzinogene
Wirkstoffe aus der Gruppe der Psychopharmaka, welche Halluzinationen hervorrufen. Mit ihrer Hilfe wird mitunter in der Psychotherapie versucht, gehemmten Patienten zu helfen, sich mitzuteilen.

Hypnose
Seelisch verursachter (psychogener) Dämmerzustand infolge Suggestion, in dem das Bewußtsein durch fremden Willen bestimmt wird. (Bei der Selbsthypnose geschieht dies durch den eigenen Willen.)

Impotent
Zeugungsunfähigkeit. (Substantiv: Impotenz.) Man unterscheidet die *Impotentia Coëundi*, das heißt die Unfähigkeit, den Beischlaf überhaupt auszuführen, und die *Impotentia generandi*, das ist das Unvermögen, sich fortzupflanzen, also befruchtungsfähige Samenzellen zu produzieren.

Katathym
Wunschbedingt, affektbedingt, fußend auf wahnhaften Vorstellungen. Die Psychiater C. Haring und K. H. Leickert erläutern, daß ›katathyme

Angst um bestimmte Personen (z. B. Familienmitglieder) bei Gesunden und Kranken oft Ausdruck eines (verdrängten) Wunsches ist, sie möchten nicht mehr dasein‹.
(Siehe Kapitel ›Unterdrückte Aggressivität‹.)

Legasthenie
Angeborene Schreib-Lese-Schwäche. Unvermögen, Wörter oder zusammenhänge Texte zu lesen oder zu schreiben.

Libido
Geschlechtstrieb, sexuelles Verlangen, Begierde.

Manisch-depressiv
In Zyklen verlaufende psychotische Seelenveränderung. Abwechseln von Zuständen gesteigerter Vitalität und heiterer Stimmung (Manie) mit Phasen tiefster Verstimmung und Schwermut (Depression).

Morbidität
Zahlenmäßiges Verhältnis zwischen kranken und gesunden Angehörigen einer Bevölkerung innerhalb eines Zeitabschnitts.

Neurologie
Wissenschaft von den krankhaften Veränderungen und Störungen des Nervensystems. Neurologe: Nervenarzt.

Neurose
Der Begriff geht auf den schottischen Arzt Cullen (1776) zurück und bedeutet ursprünglich ›krankhafte Störung der Nerven‹. Im Bereich der Psychotherapie und Psychiatrie ist damit eine krankhafte Störung des psychischen Verhaltens gemeint, die mit körperlichen (somatischen) Funktionsstörungen ohne organische Ursachen einhergehen kann (Organneurose); Adjektiv: neurotisch.

Orgasmus
Höhepunkt sexueller Erregung, Gipfel des Wollustgefühls bei geschlechtlicher Betätigung.

Pathologisch
Krankhaft. Pathologie: Lehre der Krankheiten und ihrer Entstehung. Pathogenese: Gesamtheit der beim Entstehen und Entwickeln einer Krankheit mitwirkenden Faktoren.

Phobie
Krankhafte Angst (entgegen besserer rationaler Einsicht) zum Beispiel vor bestimmten Gegenständen, Krankheiten und Situationen.

Psychedelisch
die Psyche (die Seele, den Geist, das Bewußtsein) erweiternd.

Psychiatrie
Wissenschaft von den seelischen Störungen und Krankheiten des Geistes und deren Behandlung. Psychiater· Facharzt für Psychiatrie.

Psychoanalyse
Besondere, von Sigmund Freud begründete Form der Psychotherapie, die davon ausgeht, daß organische Störungen mit seelischen Erlebnissen zusammenhängen können.

Psychologie
Lehre von den Erscheinungen und Zuständen des Seelenlebens.

Psychopath
Abnorme Persönlichkeit.

Psychopharmaka
(auch als ›psychotrope Substanzen‹ gebräuchlich) Medikamente, die pharmakologisch nachweisbar auf seelische Abläufe einwirken. Sammelbegriff für Hypnotika, Sedativa, Neuroleptika, Tranquilizer, Thymoleptika, Halluzinogene, Psycholeptika, Psycholytika und Stimulantien.

Psychosomatik
Lehre von der Bedeutung seelischer Vorgänge bei Entstehung und Ablauf körperlicher (= somatischer) Leiden.

Suicid
Freitod, Selbstmord, Beendigung des Lebens durch eigenen Entschluß.

Symptom
Anzeichen, Äußerungsform einer Krankheit oder eines Leidens.

Therapeut
Behandler; der eine Behandlung (Therapie) durchführende Arzt. Psychotherapie: Behandlung durch seelische Mittel.

Tranquilizer
Das zentrale Nervensystem dämpfende Medikamente.

Trauma
Verwundung, Verletzung.
Psychisches Trauma: eine der Seele oder dem Geist zugefügte Verletzung.

Übertragung
Von Sigmund Freud eingeführter Begriff aus der Psychoanalyse: Ein Zustand, in dem der Patient (der Analysand) während der Analyse im Therapeuten das Wiederaufleben einer bedeutsamen Person aus seiner Kindheit sieht und auf ihn Gefühle oder Reflexionen ›überträgt‹, die diesem Vor-Bild zugedacht waren.

Vegetatives Nervensystem
Gesamtheit der Nerven, die dem Einfluß des Willens und des Bewußtseins entzogen sind.

Verdrängung
Von Sigmund Freud geprägter Begriff aus der Psychoanalyse: Unbewußte Abwehr von Triebregungen, Ausschaltung affektbetonter Erlebnisse und Vorstellungen aus dem Bereich des Bewußtseins.

Zwangsneurose
(z. B. Platzangst, Waschzwang, Beschmutzungsfurcht, Zählzwang usw.) Krankhafter Zustand, gekennzeichnet durch das Gefühl, von sich aufdrängenden Vorstellungen und Ängsten überwältigt zu werden.